U0625421

我的青春我的梦
全国中学生校园美文精品集萃丛书

碧梧桐，红花地，多少雏凤声

我们一起唱过的歌

《中学生博览》杂志社 选编

时代文艺出版社

图书在版编目（CIP）数据

我们一起唱过的歌/《中学生博览》杂志社选编. —长春：时代文艺出版社，
2018.8（2023.6重印）

（"我的青春我的梦"全国中学生校园美文精品集萃丛书）

ISBN 978-7-5387-5687-6

Ⅰ.①我… Ⅱ.①中… Ⅲ.①作文－中学－选集 Ⅳ.①H194.5

中国版本图书馆CIP数据核字（2018）第000172号

出 品 人　陈　琛
产品总监　郭力家
责任编辑　徐　薇
装帧设计　李　斌
排版制作　隋淑凤

本书著作权、版式和装帧设计受国际版权公约和中华人民共和国著作权法保护

本书所有文字、图片和示意图等专有使用权为时代文艺出版社所有

未事先获得时代文艺出版社许可

本书的任何部分不得以图表、电子、影印、缩拍、录音和其他任何手段

进行复制和转载，违者必究

我们一起唱过的歌

《中学生博览》杂志社　选编

出版发行／时代文艺出版社

地址／长春市福祉大路5788号　龙腾国际大厦A座15层　邮编／130118

总编办／0431-81629751　发行部／0431-81629758

官方微博／weibo.com／tlapress

印刷／北京一鑫印务有限责任公司

开本／700mm×980mm　1／16　字数／153千字　印张／11

版次／2018年8月第1版　印次／2023年6月第5次印刷　定价／34.80元

图书如有印装错误　请寄回印厂调换

编 委 会

编委会主任：刘翠玲　夏野虹　高　亮

编　　　委：宁　波　孟广丽　张春艳

李鹏修　苗嘉琳　姜　晶

王　鑫　李冬娟　王守辉

目录

男神爱上了路人甲

风的记忆

牙套与水晶发卡

　　放学过后的操场，魏宁想着事情，一边用手中的篮球投篮。就是那种单纯的投篮，不计结果，不计技巧。如果投中了，没什么感觉，如果没有投中，也不会失望。仿佛这种投篮，就是为了思考而准备的机械活动似的。一次投篮，两次投篮，三十四次投篮，有一些雨水飘落了下来，像水雾一样弥漫在他的周围，他听到日落前的风，席卷了阳光，一点点泼洒向自己的内心。

下辈子，我不当你弟弟

蓝与冰

1

我这辈子最遗憾的事，就是有一个叫作葛小麦的姐姐。

并不是我心里多阴暗，实在是我受的来自于她的残酷迫害太多，有那样一个迷糊而脑残的姐，我能健全完整地活到现在，都是值得庆幸的事。小时候老爸老妈忙，是葛小麦一直陪着我。可事实上，哪里是她陪我玩，根本就是她在玩我。听老妈说，我一岁时，曾误吞了一枚硬币，葛小麦忙狂拍我的背，结果，我吐出来两枚。

于是，葛小麦又喂了我五枚硬币。

但这次就没那么好吐了，她再用力地拍拍拍也只是把我拍得白眼直翻手脚抽搐，葛小麦就哭了，那可是她的全部家产啊。她哭着向老妈汇报情况时，老妈也是又气又急，顺手甩了她一巴掌，抱着我去了医院。

那一个巴掌响亮地打在了三岁的葛小麦的自尊心上，她开始认真严肃地和我划分敌对阶级。我就在莫名其妙的情况下背上了她发自肺腑的仇恨。

但最无辜的人是我才对啊，因为有个叫小麦的姐，我不得不在一堆土豆、玉米、地瓜的农作物里选名字，结果老妈脑袋一抽筋，给我起了一个葛小米的倒霉名字。一个大老爷们　　　的叫葛小米！听起来就逆来顺受，发育不良。这我都忍了，可是我始终是忍不了她犀利的眼神和无处不在的鄙视嘲讽，我也就学会了冲她翻白眼，对她冷言冷语，好端端的家，简直被我们冻成了"冰河世纪"。本来世界上就没有那么多的春暖花开，至少在我家，多的还是傲慢与偏见，战争与和平，和没头脑与不高兴了。

还是得感谢老爸老妈的封建，他们在重男轻女思想的指引下，明显更宠我一点儿。葛小麦吵架时永远是挨批的一方，拿到的玩具永远是我玩腻的。可是我不能总是那个缩在爸妈身后的孩子，上了学之后，葛小麦就突飞猛进地把我甩到了后面。我不明白她的脑内构造是怎样的，多大的意志力能让她坐在书桌上看一晚上教科书，心甘情愿地戴上近视镜。她的成绩像是一只打了鸡血的绩优股，三好学生、十佳少年、优秀团员的称号接踵而至，各科竞赛的证书更是多得能糊墙。这让老爸老妈挣足了面子，路人看到他们时都会指指点点：看到了吗？那就是天才少女葛小麦的家长，眼神像见了明星一样膜拜和崇敬。而我的成绩呢？老师曾这样总结过：我并不是拉了班级后腿，而是给打折了一条。

我对成绩也并没太大感觉，直到三年级那次开家长会，爸妈吵起来了，因为谁都想去给葛小麦开家长会听赞美之辞，却不愿去我班里听老师对我累累罪行的声泪控诉。那一天我趴在门口听他们争吵时，真切地听到了自己的心跳声放大渐渐漫过了他们的话语。我才忽然了解到葛小麦从小就受到不公的偏袒时心里该是怎样的寂寞和难过，也明白了这个女生是多么居心叵测用心良苦，她一声不响地隐忍着一切，然后终于用优异的成绩回给了我一个响亮的耳光。

这些抱怨加起来只是，我想让你们明白我是有多不爽葛小麦。每当我看那些小说上描写的兄妹姐弟之间比爱情更深厚的感情时就很是费解，对于一个在你眼皮底下长大一直以压迫你为乐趣的人你还会喜欢他，当地球人都是受虐狂吗？书里的女孩儿颤抖着流泪说下辈子，我还要当你妹妹时，我也在心里默默对葛小麦说，下辈子，我不要当你弟弟，我要当你爹！

2

我们之间并没有什么共同语言，见面也只是冷哼一声，但即使这样，我俩也有过一次深入的谈心。那是过年时的某天晚上，爸妈出去应酬，我迫于无奈和她一起吃了顿晚饭，显然我们都是兴致高了，把干红当白开水干下去好几杯，一脸绯红地聊起了天。不过，只是她单方面的酒后吐真言，这点儿酒对于我可是小case，我不断套她的话，连她的暗恋对象是杨成堂都问出来了。

杨成堂，我再熟悉不过了，高三的学长，英俊帅气威风堂堂，是我们小圈子里的老大。他可是无数小女生心里的偶像，光是那张像王力宏的脸，再加上打架战无不胜的传言，都给他的身世添了不平凡的色彩，简直成了H中的传奇式人物，哪个女生要是不知道他，都不好意思说自己怀了一颗少女心。但我听到葛小麦承认时，还是震了不小的惊，毕竟，我以为她的情人只能是马克思和牛顿呢。葛小麦红着脸说你可别告诉别人啊，我也信誓旦旦地点点头答应了。

我当然没去告诉别人，只是第二天就告诉了杨成堂本人，然后我们以此为乐小小地开心了一把。杨成堂倚着栏杆说，你姐那老土样你还有心情提？和齐安雅比起来，一个是一朵少女，一个是一坨少女。

我一听就不太高兴，虽然他说我的敌人葛小麦我还是很欣慰的，但仔细想想，他批评葛小麦，就是间接批评我家遗传基因的质量没有保证。而且葛小麦微胖的婴儿肥还是挺可爱的，至少在我看来，比齐安雅强多了。她那小排骨有什么好的，看上去就硌牙。

虽然我总跟杨成堂他们一起混，但也不是处于加入组织有保障的心理，只是因为我身为一个差生，要是还洁身自好地不逃课不打架，就是特立独行，就是脱离群众，会受到全体差生的鄙视。反正课本上的知识我也看不下去，那和他们一起混混时间还是不错的选择。但我还没和他们混成一丘之貉，至少我和他们审美观还是很不同的，比如死党们一直把齐安雅视为女神，我却很不以为意。齐安雅，高二的级花，颇有点儿清高的感觉，那瘦得快飘起来的身板也成了死党们心目中的仙女形象。但因为她不是我喜欢的类型，我就也从没把她放在心上。

但不知是不是因为人类的好胜心理，齐安雅对那些对她五体投地的追求者看不上眼，却对从来不屑于她的我抛来了橄榄枝。她风尘仆仆地来和我表白说"葛小米，当我男朋友吧"的时候，我正吃着麻辣香锅，刚好咬到一颗麻椒。天生舌头敏感的我就哭了，我边擦眼泪边说：对不起啊，我不想当，我不太喜欢你。

齐安雅就一脸毅然地说：没事，我就知道你不会答应的。做好准备吧，今天开始，我追你。然后她就一脸骄傲地走了。店小二过来拍拍我肩膀说：没事哥们儿，我也被甩过，这顿给你抹零头了。我想如果我告诉他实际上是我甩了她的话，没准会收我双倍钱，于是就装作悲痛地点了点头。

并不是我绝情，我早已有了一个心上人，文科重点班的蒋海文同学。她不但名字简朴，人长得更是正派，清汤挂面的头型可以直接去拍招贴画。我也不知道自己是怎么迷上她的，总之等我反应过来，已经习惯了在操场上成千上万个校服里寻找她的身影了。第一次和她相遇是在拥挤的公交车上，她站起身让座，我就行云流水地一屁股坐下，又开动时才看到身边一位老奶奶幽怨的眼神。我脸一红，在椅子上如坐针毡，只好转移视线，才发现，在这么拥挤的公交车上，她还从口袋里掏出一个单词小本，单手拉着吊环，口中喃喃两个单词，又闭上眼仔细记一遍，然后在停站时换了手，把垂下来的鬓角别到耳后。

我也不知道自己为什么对她这个简单的动作印象这么深，只是饶有兴致地跟上了她，一路偷偷送她到她家楼下，看她上楼时吹了个口哨，决定要尝试一个新冒险了。

身边的死党们对我的眼光表示了痛心疾首的鄙视，我也以为自己只是一时兴起，但不知不觉却成了一种执念。蒋海文从来不搭理我，我却仍锲而不舍地向她表示着我对她的好感。有时我想，也许这种感情只是一种强迫症一样的征服欲，却不知何时征服了我自己的心。

3

再一次搭讪被无视之后，百无聊赖的我直接回了家，正看到套着睡衣取饮料的葛小麦。我爱理不理地应了声，她却挑了挑眉说：对了，这是一位叫蒋海文的学妹给你的信。

我一听就来了精神，一把抢过还没来得及看，葛小麦就又拿出张纸：啊，这是信封。

我顿时恼羞成怒，打开的信更是加剧了我愤慨的心情。这是封情书。不过，是我写的。与其说它是被退回的，倒不如说更像是被批改过的。红笔的痕迹勾勾点点，把我的脸也映了个满江红。这种羞耻就算了，关键是葛小麦也看到了，那她绝对会拿这事说一辈子，到老了还敲着拐杖嘲笑我啊。我看着她一脸嘲讽的表情，把信揉成一团，恶狠狠地说：别在那装清纯，你以为我不知道呢，人家杨成堂根本没把你放在眼里！

葛小麦的笑就僵了起来，我更是得意：你也不照照镜子，就你还指望配得上他？少做梦了！不等我说完，葛小麦就狠狠推搡了我一把，我一个踉跄，抬起头却看见她紧抿着嘴唇，眼里全是陌生而冰冷的光，一副马上就要哭出来的样子。她说：葛小米，当我没有过你这个弟弟！

我站定了脚冲她走远的背影喊：你以为谁愿意当你弟弟呀！我以为就这么把她气回了房间才能好受些，可不知为什么，胸腔里的那颗心却像是手里被揉皱的纸团一样，跳得没有一点儿活力。

我决心跟蒋海文表白。

虽然这是第N次冒出的想法了，这次却真是认真决定的。自从那次和葛小麦吵架之后，我们的关系就更冷了，这种感觉特压抑，仿佛七月里阴沉着天，闷热得难受却打死也不掉一个雨点儿。我实在是得想个法子散散心去清爽一会儿了，比如挽着成功交往的女朋友在失意的葛小麦面前走过，就是一个再好不过的选择了。

我还是老办法等在蒋海文班级门口，幻想自己是个等待公主的骑士，一直到人快走尽了，蒋海文才挎着单肩包慢悠悠地走出来，一看见我脸上的表情立刻又纠结了起来：你来干吗？

来跟你表白啊。我嬉皮笑脸地凑上去，她连忙躲闪开，然后走到我面前，表情无比认真地说：这样好玩吗？

她抬了抬眼镜，一副政治老师的口吻：葛小米，不是我不喜欢你，可是你想想，你真的喜欢我吗？你愿意为了我现在开始拼命好好学习考到一所大学去吗？你愿意为了我改变现在的生活吗？

我张了张嘴，说不上话。蒋海文叹了口气：你只是潜意识里在好奇我们好学生的生活罢了，原谅我一直是个理性过头的无聊女生，但是我真的觉得，草草相知还不如不相识。

好奇好学生的生活？她一番话仿佛一面响锣，带给了我莫大的冲击力和震撼。等到她依旧冷静地走远后我还是愣在原地，当蒋海文在认真地教育我时，我只是想到了当年一直走在我前面告诉我哪里做错了的葛小麦的样子。随即，又是她嘲讽的笑脸和愤恨的表情交织起来，太多的思绪让我的大脑一片混乱，我想我真的有必要好好想想自己的真实想法和对葛小麦同志的态度问题了。

因为有那么一瞬间，我真的想紧紧抱住蒋海文，就像抱住葛小麦一样。

5

听说杨成堂找我有事要我去校后的树林里时，我心情很糟糕。自从高一的风光人物葛小米被一文科眼镜女甩了的消息不胫而走之后，我在人们心目中威武雄壮的形象也一落千丈。而且自从我那次挫了葛小麦之后，她就再也不搭理我的一言一行，即使是我讨好的笑，也只能换来没表情的冰山脸。这让我心里的积雨云越积越厚，郁闷地只想打一场架来发泄。所以当死党怀着好心劝我最好小心点儿时，我反而斗志昂扬精神抖擞地冲了出去。

杨成堂的表情比平常时冷了很多，背靠着榉树随性地吐着烟圈，根本没拿正眼看一下匆忙赶到的我。这让我也静下心来仔细想了一下，原来我平时和他的关系好的基础，都是建在吃喝玩乐调侃上，实际上真没多少可以称得出重量的感情。杨成堂冷冷地问了声：听说你骂了齐安雅？

果然是因为这个啊，我眯起眼笑了。前几天齐安雅又来和我表心意了，看见她我就感觉自己是在看着另一个我，一个被不肯放弃的执念迷了眼，却舍不得花一分钟来好好和自己内心对话的任性偏执的小孩儿。于是我苦口婆心地给她进行了一番教育，我说你个女孩子不要这么轻视自己，你要尊重别人才能让别人尊重你，你要好好学习天天向上，将来成为国家的栋梁。结果她没等我唠叨完就恶狠狠地回了句：你唐僧啊，有完没完？！直到目送她气势汹汹地离开时我还想喊一句苦海无涯，回头是岸呢。当然，我也能读懂她眼里逐渐冷下去的光意味着什么，我只是没想到自己一番肺腑之言被他们说成是骂，虽然我可能真的说得欠揍了点儿。

杨成堂半仰起头，满脸嫌恶地说：我就烦你这样没事装清高的，你小子有什么资格教训别人？还以为你自己高人一等吗？还不如去找你的书呆子姐姐一起过家家呢！

我胸口的莫名火就瞬间燃了起来，没反应过来就扬起了拳头。当然是被挡住了，曾经一起和外人群殴的哥们儿们冲了出来。那一瞬间我的大脑才反应过来，他们都那么喜欢齐安雅，当然会在听到她被侮辱的时候第一时间跳出来为她出头了。

　　拳头和打骂声从四面砸来，我像是一条任人宰割的鱼，纵是血冲到了脑子里，拳头快要捏碎，却还是没办法还手，气愤和激动在脑海里自动搅成浓重的痛苦，没来得及感受胸口就挨了一拳头，喘不过气地后仰时肩胛骨又挨了一击。这种无奈的感觉让我无助地想哭，然后再往后，不用我说，你也会猜出来的。

　　你们在干吗！

　　激动得有些破音的喊声，一个月零三天后，葛小麦终于又理我了。

　　她的突然出现让大家都有些愣，不知从哪儿冒出来的她跑过来护在我面前，目光如仇地钉在杨成堂身上：你们男生打架我不反对，但你们一群人欺负一个好意思吗？

　　这就是葛小麦，明明怕得声线都在颤，却还在逞强地装着强大。虽然从小打我骂我欺负我，但总会在我被欺负时间第一时间冲出来的，葛小麦。

　　杨成堂认出她后，语气就变成了调侃：你不是喜欢我吗？过来表白的？

　　自尊心异常强的葛小麦就涨红了脸，抹了一把眼泪吼道：算我瞎了眼会喜欢你，你这种打架都要靠别人帮的人我才看不上！我才是他姐，用不着你们教训他！要打冲我来，反正我们流的是一样的血。

　　杨成堂也愣了一下，随即竟笑了，挥了挥手示意大家都散开，然后意味深长地看了她一眼也离开了。我想要是有电影里的感人剧情就好了，她拉着我满眼是泪地喊：弟弟，亲爱的弟弟。但我显然是太天真了，葛小麦咬牙切齿地揪住我衣领，一句心疼的话都没有，只是一巴掌甩过来：葛小米，你个王八蛋！

我很想吐槽这句对你自己是不利的啊，但刚刚的打斗让我的脑袋迷糊得不行，我颤巍巍地蹲下去，葛小麦就在我旁边声嘶力竭地哭了起来。开始我还等着她来安慰我，结果到最后，看她哭得快断气了，我才赶忙说：喂喂，你还哭什么劲啊，我身体这么强健，有什么可难过的。

葛小麦就抽抽泣泣地说：别又不要脸，谁会心疼你这个白痴啊，我难过自己竟然会喜欢上那样一个男生不行吗。

我忙劝道：别啊，男人乃身外之物，生带不来，死带不走的。你何必呢！

葛小麦看看我，扑哧就笑了：你这话太励志了吧，走吧，我们回家。

我扶着她的肩膀一瘸一拐地往回走，背影看起来很是温暖。她一路都在说着从没告诉过我的心事，比如她第一次看到杨成堂就是在这片树林里，当时杨正和我兴致勃勃地聊天，她从没看过我还会笑得那么开朗，就莫名喜欢上了那个能让人笑出来的杨成堂，也喜欢没事就来这边散步，就在今天遇到了这场争斗。

我没想到她那么粗糙的外表下能有这样一颗细腻的心，不过话说回来，我们姐弟俩可真是像啊，都是在好奇着对方的生活，都是想和对方更近一些，却都骄傲地不肯低头承认，都偷偷地张望，以自己的方式表达着对对方的眷恋。

葛小麦轻声说：以前我一直恨自己太小了不知道计划生育是基本国策，不然说什么都要把你扼杀在萌芽状态。不过渐渐长大才知道，有这么一个拉风帅气的弟弟，也是件挺开心的事，当然你要是更懂事点儿就更好了。有你一直陪着我真好，还好当年咱家普法宣传不彻底。

葛小麦，对不起。我也小声地回答，对不起让她担心了，对不起自己一直以来的偏执任性，对不起从来没考虑过她的心情。葛小麦咬咬牙，一把抽过我的脑袋：你叫我什么呢！

我鼻子一抽：姐——

6

　　而那之后呢？我们还是一样吵吵嚷嚷，傻傻笑笑，义无反顾地揭对方的伤疤，却都明白了对方的刀子嘴豆腐心，知道了怎样简单准确地表达自己的心情。原来我们一直隔得这样近，心脏都在以相同的频率跳动着，却都因着自己的小骄傲没承认身边最亲密亲人的重要性。我开始翻起葛小麦留给我的课堂笔记，努力不要被她落下太远；她也被我的哥们儿们视为了很不得了的存在，那次打架后，大家该和好还是和好，可谁都忘不了那个迎着风冲向一群汉子的女孩儿英姿飒爽的身影。还有，杨成堂竟真的对葛小麦起了兴趣，偶尔还会来找我问问她的近况，当然，他是别指望了，想接近葛小麦，还得先通过我这关呢。

　　亲爱的葛小麦，下辈子我真的不想再当你弟弟了，所以这辈子，就让我把这个角色做到完美，一直一直，都守在你身边吧。

牙套与水晶发卡

流萤回雪

矫正牙齿不能拖延，就跟青春一样，不能等待。

人类的牙齿，在十八岁之前矫正，是最为快捷的。等到十八岁之后，成长发育基本定型，包括骨骼，这个时候如果再想矫正牙齿，就要比之前多花掉更多更多的时间。

当阮梦梦把这段话一字不差地告诉魏宁的时候，魏宁"切"了一声，说："从根本上来讲，这其实就是那个牙医为了挣你的钱。"而阮梦梦咧开了她那张闪烁着金属光芒的嘴，让崇拜的语气透过牙套清清楚楚地传达出来："没办法，那个牙医实在太帅了，他说什么我都会信。"

阮梦梦只有一颗长歪的牙，按理说，不管矫正不矫正，都没什么关系。但是牙医孙阳说，如果十八岁以后再想矫正就晚了，而阮梦梦生怕自己以后会后悔。她把一年矫正的钱交给孙阳，并约定每隔两周，都来找他调整自己的牙套。

牙套紧紧箍着牙齿，阮梦梦无时无刻不感受到微微的疼。与此同时带来的，还有十七岁内心里的酸涩。她不是那种很美的女生，甚至连普通的女生都不算。还是在入高中的第一天起就剪去长发，发誓未来三年要不遗余力地学习，考上重点。校服总共就两套，学校不强制要求穿，她却没空打扮自己，天天穿着一身酱色。从十三岁就停止增长的身高，从十二岁就开始冒出来的痘痘，还有从小学就开始戴上的眼镜，加上从今年开始戴上的牙套，都让阮梦梦变成一个糟糕透了的女孩儿。

你不要说，你的身旁从来没有过这种女孩儿。

但是阮梦梦的成绩从入学时的年级第三十名飘到了现在的年级第十名，还有一手连语文老师都会赞叹的好作文。喏，语文老师正在这个晚自习走到了阮梦梦的座位，看着这个女生完全沉浸在写日记的氛围里，完全没有注意到旁边有人。

"那是一个笑容和浪花一样白的人啊，他的牙齿，每一颗都晶莹地发着光。在那样的笑容里，我会感觉自己很不安很不安，但是我又知道，在他旁边，我绝对安全。"女生的字纤细有力。

"你这写的是谁啊，"语文老师低下头，看着那一行滚烫的话，悄悄在阮梦梦耳边说，"放心啦，我不会告诉别人的。"

"我，我的牙医。"

后座的魏宁终于忍不住笑了起来。

仔细盘点一下年级里的知名男生……

班长吕何又高又聪明，而且大家都知道，吕何早就号称自己喜欢江南女孩儿，长得秀气的，性格温柔的，而班上的蔡甜甜就是这样的女孩儿。

孙浩然虽然开朗大方，一票子兄弟，可是他学习实在太差了，而且，他有个知己在隔壁班。

乔安倒是白白净净的，怎么看，都很舒服，可是无论如何，他都不会欣赏阮梦梦这样死读书不打扮的女孩儿。

魏宁看完阮梦梦的纸条，又是没完没了地笑：阮梦梦啊阮梦梦，你还挑剔别人，你也不瞧瞧你自己！

在这一个星期，阮梦梦不止一次气急败坏地和魏宁讲，像他们年龄这么大的男生，都还太幼稚了，不懂得怎样欣赏女生。像那个牙医先生，对任何人都那样温柔，无论讲什么都有条不紊，唯有这样的人，才懂得什么样的女孩儿是好的。

牙疼啊牙疼，无时无刻不在提醒着自己。

提醒着自己，有那样一个美好的人存在。

心也在疼，一点，一点。这是幸福的疼。

不过，隔了一个星期之后，当阮梦梦坐在牙医诊室里，等待孙阳招呼她，她却极为淡定，完全不能说起任何一点点她在学校说过的话。

孙阳用一个小镊子轻轻地摆弄阮梦梦牙齿间的牙套，一股涩涩的酸弥漫在口腔里面。"阮梦梦啊，你不能吃太坚硬的东西了，我给你的牙套加了一些力。在接下来的一个星期，你只能吃软的东西了。"

他的话，就是圣旨。阮梦梦乖乖地点了点头。

虽然牙齿更疼了，但是魏宁休想从阮梦梦那里看到一丝一毫和往日不一样的行为。这个女孩儿依旧每天早晨的第一个来到教室奋笔疾书，又在下了晚自习之后最后一个离开教室。"喂，猛士，多么大的痛苦都不能影响你学习，是吗？"他在心里说。

魏宁知道，其实，阮梦梦戴牙套，跟自己有着直接的关系。

那么一次，魏宁想找阮梦梦抄作业。但是她不借给他。魏宁说，自己只是参考参考，阮梦梦说，就因为他总这样参考，成绩才上不去。后来他俩开始了对高一A班来说惊天动地的"前后桌谩骂事件"。

"你这个矮个子的女的。"

"你这个发育不良的男的。"

"你这个满脸痘子的女的。"

"你这个翘着兰花指的娘娘腔。"

"你这个成天穿校服的四眼妹！"

"你这个除了抄作业没有其他本领的下三烂！"

"你这个大龅牙！"

听到这里，阮梦梦突然不吭声了。为什么？因为啊，矮个子、戴眼镜、痘痘、校服都是可以在后天改变的，但是牙齿，似乎是一个说不清道不明的外表缺陷哟。想来想去，她就自己一个人来到了那家牙医诊所，又自己下定决心来戴一个牙套。

在他俩和解之后，大概是好几个月之后，魏宁说，阮梦梦啊，你看别的女孩儿都那么美，你为什么不好好打扮自己呢？当时，阮梦梦双眼冒光地回答：等我高中毕业，就戴隐形眼镜，就天天做面膜，就天天换衣服，到时候，我也有了美丽的牙齿，考上最好的大学亮瞎所有人的双眼……

那个时候，魏宁突然有了一丝感动。他知道阮梦梦在自习课的时候，耳机里循环播放的那首音乐是什么，是卓亚君的《洛丽塔》。

"或许从没有爱上他，只是爱了童话。"

"爱情还是要继续吧，十七岁，漫长，夏。"

那个有关牙医的心情，也许就是这样的吧。魏宁想，你别看阮梦梦的外表有多么普通，但她比谁都努力，这种努力后面，比谁都要柔软……

放学过后的操场，魏宁想着事情，一边用手中的篮球投篮。就是那种单纯的投篮，不计结果，不计技巧。如果投中了，没什么感觉，如果没有投中，也不会失望。仿佛这种投篮，就是为了思考而准备的机械活动似的。一次投篮，两次投篮，三十四次投篮，有一些雨水飘落了下来，像水雾一样弥漫在他的周围，他听到日落前的风，席卷了阳光，一点点泼洒向自己的内心。

篮球不小心脱手了，滚向远处。眯起眼来看，远处正好是自己最熟悉不过的女孩儿，矮个子，校服，不好看的短发。

"帮我踢过来。"他喊了一声。

"陪我上会儿自习，做五道数学题，我就还给你。"女孩儿抱着篮球走向教室。

男生坐在女孩儿的背后，一边被迫做算术，一边跟女生说话。

"阮梦梦，其实你一点儿都不丑。"

"你才知道啊！"

"你就是现在没工夫打扮自己，等你打扮好了，绝对是校花级水平！"

"你才知道啊！"

"可是你最近好像又胖了。我亲戚也有做牙套的，他们怕疼，都不认真吃饭，都会变瘦，你怎么反而会变胖呢？"

"我生怕自己牙疼，不能吸收足够的营养，所以每顿都喝很多的肉汤啊。"

男生站了起来，走到女孩儿的前面："亲爱的阮梦梦，矫正牙齿不能拖延，但是青春，也禁不起等待啊。你一定要戴着这个发卡，给你的牙医看到啊。"他的手心里，放了一枚发卡。刚才在他打篮球时，那枚发卡就紧紧攥在手心里，如今，都还浸着汗水。

"我知道了。"女孩儿收起了发卡，不再说话。他们就这样坐在教室里，一句话不说的，解完了当天的所有数学题。

关于这件事，两个人没有说再多的话，但是阮梦梦，居然默默地开始留起了长发。

那个很贵很贵的水晶发卡，是魏宁不知攒了多久的零花钱才买下的，但是，它的造型也很奇特，只有齐腰长发的人才能用。魏宁也好，孙阳也好，他们都说，女生，就应该有黑黑的长发。

渐渐的，魏宁看着前面的女生的头发一天一天地长了起来。从最初的蘑菇头，到了能扎一个小发髻的样子，然后变成披肩发。

直到，就要毕业了。

牙医孙阳看着这个变化很大的女生，什么也没有说，就把镊子伸向了她的嘴巴。

"哎，其实你也蛮漂亮的嘛，等摘掉牙套之后，应该就会有人追你了。"

女孩儿刚要反驳，孙阳就打断她："我给你弄着牙呢，别说话！光听就行了。"

女孩儿拨掉孙阳的手："孙阳，有一件事情，我必须告诉你……"

"什么？"

"曾几何时，我还蛮喜欢你的。但是我发现，有那么一个经常说你坏话的人，其实比谁都希望我能变得更好。"

叮当叮当，女孩儿的牙套，终于被摘掉了。孙阳的笑容，像浪花一样白。

在去学校拿大学录取通知书的那一天，长发的女孩儿戴着那枚水晶发卡，拍了一下魏宁的肩膀："嘿，哥们儿，咱是同一个学校啊！"

流年里曾有这样一个故事

南山豆

1

这个夏天，我换了三次发型。当我从理发店出来的时候，杨小洁在学校的地摊上买了一袋子苹果，杨小洁一边啃着苹果，一边好奇地打量着我说，你的发型和脸型不搭配。

其实，我的脸型本来很配我的发型，但由于最近脸上痘痘泛滥，严重损害我形象的同时，更令我的心情糟糕到了极点。可见，问题不是出现在发型上，而是出现在痘痘上。

杨小洁说，路北远，你脸上果然土地肥沃，那些痘痘长势看好，都不用施肥。我没有搭理杨小洁，因为我深信，狗嘴里吐不出人话。这个杨小洁，自从迷上我后，经常阴魂不散。她还说，她之所以迷上我，不是因为我的形象，而是因为我抽烟的姿势让她迷恋。

为摆脱杨小洁，我借口上厕所。于是，我在上完厕所后，绕道逃脱了杨小洁的视线。阳光有些明媚，夏日的风也格外清爽，走在学校的大道上，我糟糕的心情微微有些好转。在我打算在校园里找个隐蔽的地方，对脸上的痘痘进行"揠苗助长"之时，阿花出现了。我看到阿花那双修长的小腿时，就断定她是个美女。继而目光往上移，迎上阿花脸上的微笑时，我看出这笑容里有阴谋。但阿花这张脸完美得让我浮想联翩，我的理智在这个时候完全丧失。

用杨小洁的话说，我是个脑袋瓜子灵活，但见到美女就变笨的人，这充分证明我是个非常色的人。我仔细盯着阿花看，发型很搭配脸型，皮肤也白得完美，显然这是每天都做面膜的结果。

阿花嘴角一扬说，同学，我注意你很久了，严格意义上说我注意你的脸型很久了，毋庸置疑，你的发型绝无仅有，但是你的脸型……再进一步说，我注意到你脸上的痘痘了，由于它们的存在，你原本无懈可击的形象，被肢解得惨不忍睹，所以，我觉得有必要把它们扼杀在萌芽状态。

解决的方法呢？我瞥了阿花一眼说。

阿花嘿嘿一笑说，这就是我找你的原因，××祛痘膏，纯天然植物精华，祛痘的同时，大量补充皮肤所需的水分。现在校园促销优惠促销期，原本八百八一盒，现在只要八十八，走过路过不容错过。今天你遇到我，算是遇到救星了。

有这么神奇？我拿过一盒祛痘膏，在手里研究道。

如假包换，假一赔十，这是我的电话号码，134……，麻烦把你的号码告诉我下，我们实行质量跟踪服务。而且现在买，还有买一送一的好机会，阿花拿出一个本本记了我的电话号码，我则掏钱买了两盒祛痘膏。

阿花离开的时候，回头笑着说，同学，相信你很快能找回泡妞的自信了。我傻傻一笑，揣着祛痘膏，想快点儿体验一下这祛痘膏的神奇效果。

2

回到宿舍时，宿舍里没人。严晓冬他们一定去打篮球了。我掏出镜子，开始用祛痘膏对痘痘进行毁灭性打击，我一边在脸上涂着祛痘膏，一边想着阿花动人的笑容，我的嘴角也不自觉地露出笑容，典型的花痴症。

第二天醒来时，脸上奇痒难耐，我从厕所出来时，撞见严晓冬。严晓冬大叫一声，鬼啊！我正琢磨着鬼在哪里，发现严晓冬的目光定格在我脸上。这几天，镜子是我出门必带之物。

我掏出镜子，顿时觉得太没天理了，原本只是不和谐的脸，现在快变成喀斯特地貌。脸上的痘痘不但没有被成功消灭，而且出现大块的红斑。××祛痘膏的副作用！这是我脑海里闪现的第一个念头。

原本以为脸上的红斑会慢慢消失，结果三天过去了。脸上的红斑不但没有消失，反而更加猖獗了，看来这红斑比痘痘具有更强大的生命力。

在遇到杨小洁的时候，杨小洁非常开心。原因是她发现，我看她的时候脸红了，而她坚信，一个男孩儿看到一个女孩儿脸红，说明这个男生对这个女生有非分之想。所以，杨小洁死皮赖脸地问我是不是春心萌动，喜欢上了她。我为这种因祛痘膏导致的红斑被误认为脸红的事件尴尬不已。

我保持一向的淡定说，是啊，我不但喜欢你，还想娶你呢。

杨小洁睁大眼睛说，真的啊？继而笑着露出两颗小虎牙。

我说了句，神经病。然后点燃一支烟，大步离开。希望这眼前袅袅的烟雾，能造成雾里看花的视觉效果，遮挡我这张不堪入目的脸。

因为祛痘膏导致我颜面失色的事情，我和阿花在学校图书馆后面的树林里，进行了长达一个星期的双边会谈。会谈的结果是，阿花说她非常想退我的钱，但她现在没钱了，吃了一个星期的泡面了。

阿花的眼泪顺着脸颊滑落下来，充分利用了我害怕女孩子哭，特别是漂亮女孩子哭这一弱点。所以，我跟阿花说，这件事咱们慢慢谈。

宿舍的舍友说，遇到这种事情，态度一定要强硬。她将假冒伪劣产品卖给消费者，导致毁容，告上法庭也能赔个三五千，即使不告上法庭，学校方面知道了，不开除她，也会给她记过。

对舍友们的说辞，我表示将虚心接受。所以，我找到阿花进行了最后一次会谈。会谈中，阿花说她也受骗了，几千块钱都投进祛痘膏里了，现在她身无分文，走投无路了，而且她母亲现在重病在身，每个月都需要钱治疗，现在她唯一的办法只能去卖身了，等她赚到了钱一定会赔我钱。阿花泪眼婆娑，跟我说了无数次对不起。

我将兜里准备去医院看脸的两百块钱，放在阿花的手上说，别做傻事了。阿花抬起泪眼婆娑的脸，看着我说了句，谢谢你。我心头一酸，大量的空气涌入鼻孔，我的眼睛竟然也有些模糊了。

3

陪我去医院看脸的是杨小洁，杨小洁说我的脸变成这样是活该。当她把医生开的药放在我手上时，又叹了口气说，刚才医生说的话你应该听到了，如果你再不来看脸，你这辈子恐怕都无脸见乡亲父老了，更不要说你还要靠这张脸去泡妞。真想不通，你居然还给那骗子钱。

我看着杨小洁说，丫头，我现在没钱了，可那个女孩儿现在连饭都吃不上了。杨小洁转身走远说，是她把你害成这样的。

从此，我成了阿花的饭票，阿花拨动了我感情里最敏感的神经。当我做第四个发型的时候，脸上的红斑终于消退了，盘踞在我脸上的痘痘也退隐江湖了。我又恢复成有脸有型的美好青年。当然，这一切要归功于杨小洁。在我对阿花进行生活费援助的同时，杨小洁的药品也哗啦啦朝我涌来。

终于一次下课之后，杨小洁堵住了我的去路。问题很简单，前天我拉肚子，到处都找不到手纸，结果误把严晓冬写给她的情书拿去厕所了。

杨小洁的样子很凶，她把我劫持到教学楼无人处说，路北远，你能不能为下辈子积点儿德啊。从高中到现在，别说没人追我，就是连情书都没收到一封。我容易吗，结果有这好的一个机会，被你给糟蹋了，你说怎么办吧？

我吐掉口里的口香糖，耸耸肩说，大不了，我去厕所给你捡回来。

杨小洁掐着我的胳膊说，路北远，你给我严肃点儿。

我终于说，大不了，我写封情书送给你啊。杨小洁终于对我彻底无语了，她最后只甩下一句，我以后要是嫁不出去了，你得为我的后半生负责。我漫不经心地说，我打算看破红尘后，削发为僧的，你自己掂量着看吧。

4

在肯德基送外卖的工作是杨小洁帮我联系的，我工作的性质叫作宅急送。其实，这份兼职工作并不十分适合我，因为我是个非常散漫的人，做任何事情都不急。

但当我看到订单上阿花这个名字时，弹性不怎么好的心脏，居然剧烈地跳动起来。交易是在阿花给我推销祛痘膏的那条路上进行的。当我把肯德基送到她手上时，本能地把头上的红帽子压低，直到盖住眼睛。

但阿花还是发现了我，她无比疑惑地看着我，抿了抿嘴唇说，路北远，这些日子你一直都说很忙，你就是去忙这些了啊。

我把帽子扶正，把送外卖用的大箱子绑在自行车后座上后，漫不经心地回答道，反正闲着也是闲着，运动一下而已。

阿花咬了一口汉堡，但整个咀嚼的过程非常缓慢。我瞥了一眼她的下巴，却发现了一滴晶莹的泪水，瞬间滴落，然后万丈光芒。

过了一会儿，阿花抹了抹嘴角又说，路北远，那么这三个月来，我家里每个月收到的八百块钱也是你寄的了？我别过头，不敢看她，钱是有点儿少，或许不能治好你妈的病，但平时家里买个手纸，打个酱油还是够用的。

我不敢看阿花，而是跨上自行车想急速离开这个地方。但由于太不淡定了，我摔倒在地上了。箱子里的肯德基洒了一地，而我的手也在地上磨破了。阿花迅速地跑过来，把自行车扶起来，抓起我那只磨破的手，心疼地说，怎么这么不小心？

我想摆脱阿花的手，但事实上我没有这样做。而是笑着说，我没事。阿花把我的手捧在掌心，哽咽得说不出话。而我只是傻傻地笑，眼睛却酸楚得要命。

我终于抽回手，捡起地上的肯德基说，我得回去了，回去晚了这个月的奖金就没了。三十块钱呢，我笑着说完，跨上自行车，风在耳畔呼呼作响，我的泪水也奔涌而出。

5

杨小洁看到我手上的伤痕后，一边给我擦着药水一边问，值得吗？只是那么一瞬间，杨小洁的泪水就落在我的手掌心。她抹了抹眼睛说，阿花的妈妈有精神病，是的，她的身世非常可怜。但是，这个世界上可怜的人那么多，你救得完吗？

杨小洁一用力，我手上的伤口便有些疼痛。杨小洁笑着说，路北远其实你脸上长痘痘的样子也挺可爱的。杨小洁把两千块钱放在我手上说，这是你这个月的工资。这家肯德基店是杨小洁的舅舅开的，我的工资一直都是杨小洁给的。我也知道，这是杨小洁在帮我。

我看着杨小洁说，怎么，这个月涨工资了？杨小洁笑着说，一千块钱寄给阿花家里，一千块钱你自己留着用吧。你最近这么辛苦，变得又黑又瘦，再这样下去，没有女孩子会喜欢了哟。

也是这一次，阿花发短信告诉我，不用给她家里打钱了，她年迈的奶奶已经过世，而她的母亲也在这一天走失了。

头发，在时光里会慢慢变长，疼痛是不是也会一样。在半夜的时候，我的手机突然响起。我按下接听键，是阿花打来的。阿花缓慢地说，路北远，我只想跟你说声谢谢你，如果有来生，我想我会爱上你。

阿花告诉我，她妈妈走失了，她男朋友找到新的女朋友，提出和她分手了。阿花说这些日子她只能靠安眠药入睡，现在她买了很多安眠药，这些药可以让她永远不再醒来，阿花说她希望我幸福。说完，阿花挂断了电话。

而我预感到不祥的事情即将发生，所以我只穿了一件短裤和T恤，就朝阿花的女生宿舍楼奔去。

我拼命地敲阿花的宿舍门。宿舍里的女生骂道，谁啊，深更半夜发什么神经。我只是拼命地喊着，快开门，求你们快开门，阿花自杀了，出事了。宿舍里的女生立刻把门打开了。

而我见到阿花时，她已躺在床上一动不动。在众女生的惊愕之中，我背起阿花，朝宿舍楼下奔去，并对她们吼道，快打急救电话！我背着阿花下了楼，学校领导和保安已经拿着家伙，想把我这个擅闯女生宿舍的采花大盗捉拿归案。

但看到我那副狂奔的样子，以及在我身上一动不动的阿花，他们主动给我让出了一条道路。

6

急救、输氧、洗胃，全身检查，同时要求交钱，预付三千。而我所有家当都没有三千，这时接到我电话的杨小洁来到了医院。她把嘴巴凑在我耳边说，钱，我有。

那晚，我坐在急救室的门外，杨小洁递给我一包烟说，我知道你这个时候需要这个，虽然对你身体不好。我看了看医院墙壁上禁止吸烟的标志，还是一根一根抽了起来。

阿花终于度过了危险期，杨小洁把三千块钱放在我手心里说，路北远，我家里有点儿事情，可能很久不能来看你了。我看了阿花一眼说，小洁，就算你家里再有钱，这些钱我也会还给你的。

杨小洁跑远了，回过头说，北远，怎么还，我给你的还得清吗？医院走廊里的白炽灯光有些耀眼，杨小洁就那样头也不回地走掉了。

　　我进了阿花的病房，阿花脸色苍白，已经躺在床上睡着了。当我握着阿花的手时，阿花缓缓地睁开了眼，她看着我说，北远，我还活着吗？然后把头埋在我胸前，失声哭了起来。而我也找不到合适的言语安慰阿花。阿花呜咽不止地说，北远，我什么都没有了，什么都没有了。

　　我在她的耳畔轻轻地道，傻瓜，你还有我，还有我啊。阿花使劲地闭上眼睛，泪水却更加汹涌。

　　我勇闯女生宿舍楼的事件，让我成了学校关注的焦点。我救了阿花一条命，并且给阿花付了医药费，这件事让我成了学校的风云人物。校报里的不少记者要对我进行采访，有个校报戴眼镜的男生问我，你是不是爱上了阿花？我只是笑着回道，这么隐私的事情，拒绝回答。

7

　　秋天，在一片落叶中开始了，而这个秋天，我再也没有理过发。长长的头发盖住了眼睛，只有风吹过来的时候，我才意识到是不是该剪头发了。

　　我习惯站在宿舍的阳台上抽烟，霞光总会把这个校园涂染得格外静谧。当我正叼着烟，看着校园风景发呆时，严晓冬把我夹在耳朵上的烟拿了下来，叼在自己嘴巴上，然后说，北远，可不可以离杨小洁远点儿啊。我想都没想就回答道，可以啊。然后拿起镜子，研究起自己阳光的面容。

　　这已经是一个月后的事情了，阿花的身体早已恢复。而这一个月，我竟然一直没看到杨小洁的身影，所有的联系方式都联系不到她。

　　按照故事情节的发展，阿花理所当然地成为我的女朋友。我也觉得，青春就是一个个故事串联起来的。

　　那天晚上，我给阿花打了一壶水，递给阿花的时候，她没有接住。水壶一下子就在地上炸裂，我就弯下腰捡地上的玻璃碎片，结果，手被扎伤。阿花将我的那只手拉过去，然后整个身子都钻进我的怀里，满是关切地问，很疼吧？

我摸摸阿花的头说，一点儿不疼。她用纸巾包住我的手指轻柔地说，北远，可不可以永远不要离开我？我抬头看了看窗外的落叶说，傻瓜，我一直没有离开你。阿花的眼泪再次涌了出来。

严晓冬找到我时，我正和阿花相拥在校园的椅子上晒太阳。严晓冬一把抓住我的领口说，路北远，你他妈还是不是个男人，杨小洁为了你现在生死不明，你还在这里寻开心。

杨小洁是晚上送肯德基外卖的时候出事的，送完最后一个订单已是晚上十点，多送一次能多赚五毛钱。筋疲力尽的杨小洁，踩完最后一圈自行车，车子一歪，倒在了路边的一个下水沟里。

这一个月来，杨小洁一直在送肯德基，而杨小洁父亲的公司，在阿花住院前就已经倒闭了，她给我的那三千块钱是从他舅舅那里借来的。所以，她就在她舅舅那里送外卖。杨小洁不让严晓冬告诉我事情的真相，但严晓冬还是没有忍住。

还好，杨小洁伤得并不重，很快就出院了。而她舅舅在她出事后，坚持不要她还钱和送肯德基了。

8

阿花离开这个城市的时候，校园里的樱花开了。我坐在双杠的一端，阿花坐在另一端。我们的腿就待在空中晃荡，阿花开口跟我说，北远，昨天我办了休学手续，我要去找我妈妈。我只有这么一个亲人了，我一定要找到她。杨小洁是个不错的女孩儿，你一定要好好珍惜，她能为你做到的，相信任何女孩儿都做不到。

阿花跳下双杠，固执地抬起了头。但我依然看到了她眼里的泪水，我本想冲上去抱住她，但我没有这样做。我能做到的，只是摸出口袋里的烟，一根接一根地抽。

杨小洁是晚上找到我的，我还在双杠上晃荡着双腿，地面上是一地烟头。杨小洁从食堂给我带来了饭菜，她把饭菜送到我手上说，快吃吧，不然凉了。我终于狼吞虎咽吃完饭，杨小洁好奇地问我，阿花呢？我简洁地回答道，走了。

杨小洁说，为什么不去追？

我抹了抹嘴唇说，没那个必要了，我等的人已经来了。杨小洁一愣，然后笑着说，北远，别开玩笑了。我知道你无法忘记阿花，快去追吧，如果错过了可是一辈子的事。喜欢是一回事，拥有是另外一回事，我不想你不开心，不快乐。

暑假到来的时候，杨小洁提前了几天回家。我和严晓冬送她去车站，在站台上，她倔强地看着我说，你既然放心不下阿花，为什么还让她离开。我没来得及解释，列车员催促杨小洁上了车。

而这个暑假过后，杨小洁没有来学校报到注册，继续读大四。严晓冬也不会杀气腾腾地看着我，抓我的领口了。又是一个黄昏，严晓冬和我在阳台抽烟，他漫不经心地问我，北远，你小子到底喜欢过杨小洁没有？

我的心，突然排山倒海起来。我想，这是我们的流年，这是我们的故事吧，永远不要去问关于爱与不爱的原因和答案。

豌豆小姐和树洞先生

　　摩天轮已经很旧了，可还在转，转动的时候，放的还是当年那段音乐，不知道叫什么，就是好好听，婉婉抬起头，看着一个个转动的小屋子，仿佛哪个屋子里还有个小康在贴着玻璃看着她一样。

这个世界很美好，不要轻易沮丧

原味觉醒

1

走在路上，一群小孩儿在跳格子，细碎的阳光洒下来，灰白的粉笔痕迹竟微微发出亮光。

我盯着画满白色线条的柏油路面，迎着他们的笑声，笑弯了腰，微风吹过，有些微凉，我才发现脸上已经沾满了泪水。

我叫苏木，不是一个健全的孩子，我没有腿，哦，不对，我有一条光洁匀称的腿，我喜欢用花露水细细地按摩它，另一条腿，我只会把它藏进墨色的裤管里，因为它丑陋。

我的同桌，莫小懒，是一个被上帝爱怜的人，她高挑，完美无瑕，至少不像我，走路一瘸一拐。

苏木，等会儿上课先给大家听写一下单词。王老师推推眼镜，看着我。

我微笑着点点头，她是个特别的人，看我的眼神不是悲悯，而是一种认可，我喜欢那种感觉。

她时常跟我说，世界上每一秒都在发生着不幸的事情，但是除了那一秒给你的伤痛，其余的都是美好的东西，这个世界很美好，不要轻易沮丧。

我不知道那是什么意思，我只知道我应该坚强、乐观，至少在别人面前。

莫小懒戳戳我，偷偷地从书包里拿出一个杯子蛋糕，放在我的练习本上，我只是觉得她的粉红色指甲很好看，莫小懒，你不是怕长胖吗？我塞了一口蛋糕，真好吃，没有看见莫小懒眼中一闪而过的惊慌。

放学后，莫小懒拉着我要一起回家，我拉下脸，不是跟你说过吗？我喜欢一个人走。

莫小懒无辜地点点头：那我先走了。

我收拾好书包，关上教室的门，瘦小的背影在落日的余晖下一点点拉长，好像要变得更强大。

不是没有尝试过和他们一起回家，但是从他们的脸上，我知道，我走不快，身子一摇一摆，像小丑。

我弯下腰，摸摸我结着痂、扭曲变形的腿，唉，你可真可怜。

2

回到家，妈妈还没有回来，我洗好米放进电饭煲里，削好土豆，慢慢地切成丝，大红椒也切成丝，看过一句话，生活是要精致的。

妈妈回到家，对我说，明天，你爸爸要回家。我淡淡地应着，眼睛一直盯着她头上的一根白发，我看过她年轻时的照片，瀑布一样的黑色长发，简单俏皮的牛仔裤，只是一点一点磨灭在柴米油盐中。

这次月考，考了多少？妈妈端进一杯牛奶，我看着这杯牛奶，想到每月为这杯牛奶会多用三十二块钱，我拿出成绩单，班上第四名，年级五十六名。

妈妈舒心地笑了笑，轻轻地关上门。

第二天上学，进校门的时候，我看见了莫小懒，她穿着淡蓝色的连衣裙，光洁修长的颈像极了骄傲的白天鹅，我看向她身侧，那是二班的陶然，在懵懂的花季，常常会有一个小说中的王子，那就是陶然吧。

在我抄第二遍化学公式的时候，莫小懒才来到教室，我故作神秘地说，早自习不上，在校门口溜达？

莫小懒白我一眼，你上语文早自习，写化学公式，你想让化学老师和语文老师抬杠。

我和莫小懒对视几秒，都忍不住大笑起来，别得意，班主任刚来点名了，你不在。

我偏过头，莫小懒有弧度的嘴角已经弯成了一个晾衣钩。

我剥了一瓣橘子给莫小懒，她警惕地退后，我敛去笑容问，嫌脏？接着自己一瓣一瓣地吃了起来。

莫小懒脸色通红，苏木，你不要每次说话都这样好吗？你知道我不是那个意思。

我直起身，拿起一瓣橘子放在她嘴边，那你是什么意思？

莫小懒咬下我手中的橘瓣，云淡风轻，苏木，我会胃痛的。

3

回到家，门口有一双脏兮兮的塑胶鞋，我知道有个男人回来了，而我叫他——爸爸。

我站在门口，看见那个微胖的背影，他湿漉漉的头发正往地上滴着水，一圈一圈地扩大，侵占着屋子的一角。

我走过去，爸爸，刚回来吗？爸爸黝黑的脸上露出笑容，刚到家，洗了澡，快来吃饭。

外面天黑了，一盏盏小灯隐匿在其中，厨房的窗口不时闪过一个人影，这是我每天坐在窗前看到的夜色。

此时，我们一家人也在夜色中，陌生又熟悉。

我知道，只有爸爸刚回家的一两天，家里才是和睦的，过不了多久，家里总是充斥着淡淡的争吵的味道。而我的妈妈，整天像陀螺一样不停旋转的节奏，也会变得越来越疯狂，本就尖细的声线也变成暴风雨的怒号。

爸爸只能坐在旁边，一句话也不说。

我最讨厌这样的画面。

我会偷偷地恨爸爸，要不是他没有能力，妈妈不会这么累，像个老妈子一样替别人干活，受人怨气。如果像别人家的爸爸，赚到好多钱，当年我们就不会搬到那间破败的、电线像蜘蛛网一样密集的老房子里，也不会出现那场永远浇不灭的大火。

这些话，我没说过，因为我怕疼，也怕他们疼。

4

莫小懒生日，我被邀请了，别扭地走在莫小懒身后，只因为她说，苏木，你是我唯一的朋友了。

我不明白，那么多人围在她身边，她却说，我是她唯一的朋友了。

刚升初中时，我成绩很不好，没有人会坐我旁边，记得那天她走进教室，轻轻地在我脚边停住，漾着她暖暖的笑，你好，我叫莫小懒，请多关照。

我以为她是来炫耀自己，后来我才知道，能欺负她的人只有我。

来到莫小懒的家，我显得有些局促，她掏出钥匙打开门，我朝客厅大声说，叔叔阿姨好。

莫小懒一脸惊讶，好看的眼眸此刻闪耀得让人不能直视，哇，苏木，你带了麦克风吗？这么大声。不过，你白叫了，没人。

莫小懒自顾自地跑进厨房，把冰箱里的饭菜端出来，一个一个地把它们放进微波炉里加热，我沉默地听着微波炉发出的一声声"叮"的声音，不知道该说什么。

莫小懒提来一个大蛋糕，自己熟练地拆开盒子，戴上可爱的寿星帽，你不好奇我家没人吗？

我说，好奇。莫小懒白我一眼，苏木，你很会欲擒故纵嘛。说完也往我头上戴帽子，我嫌恶地扯着，莫小懒大声呵斥我，苏木同学，这可是我十六岁的生日，你想对寿星不敬，来人，拖出去重打五十大板。

我哑了，第一次被莫小懒欺负，还不能反抗。莫小懒得意地笑，真好看。

我吃着热好的饭菜，你的厨艺很好嘛！莫小懒好笑地看着我，你不知道有种职业叫保姆吗？

莫小懒吃得很快，我以为她很饿，我说，慢点儿吃，还没吃蛋糕呢，美女。莫小懒慌张地望着我，我吃得很急吗？我点点头。

插上十六根蜡烛，我关上灯，微弱的烛光摇曳着，祝你生日快乐……唱完，我捅捅发呆的莫小懒，干吗呢，吹蜡烛许愿。

蜡烛熄灭了，屋子一片漆黑，我不知道她许愿没，我只记得，当灯再次明亮的时候，莫小懒哭红的双眼。

那一刻，我觉得，她是个有故事的人，和我一样。

5

莫小懒没有吃蛋糕，她说不想吃，吃过饭我去刷碗，她坐在客厅的沙发上看电视。

洗好碗，我穿起外套，对莫小懒说，快八点半了，我得赶紧回家。

莫小懒起身想送我到门口，电话响了，她示意我等一下，我坐在地板上看着她，柔顺的长发，可爱的小西服，笔直的腿，我摸摸我的右腿，来不及伤感。忽然，莫小懒冲着电话大叫，你们别回来，回来干吗，我变成什么样你们都不会管我的，以前是，现在也是。

说完，把手机往墙角一摔，它，得道升天了。

莫小懒蹲下去紧紧地抱着膝盖，剧烈地抽泣着，有人说，做出这种姿势，是因为没有安全感。

我静静地坐在她身边，有时沉默更能代替语言，只要你在她旁边，她才能抽离现实，安心地痛苦。

我扶着莫小懒回到房间，看着她躺下，我走到客厅用座机往家里打了个电话。

哦，你要在莫小懒家住一晚上，就是今天你说过生日的那位同学？

嗯。我点点头。

我想起来了，是那个上次考了你班第二名的那位吗？没事你要多和她交流，这样……

妈，你能不能别总把成绩当成第一位，你总是和别人比，世界上那么多人，你比得完吗，我这个样子比得过谁？说完，我挂断了电话，轻轻地靠在墙角，灯光投影的小小黑暗里，一只小小的蚂蚁咬着一颗米粒，不大，却足以支撑它的世界。

转过头，莫小懒苍白的嘴唇，微微笑了笑，那一刻，我们的世界都被一种叫作悲伤的情感交织沉沦着。

035

橘黄色的小灯保护着两个受伤的精灵，只是灯的光芒太窄，终究被黑暗吞噬。

莫小懒对着昏黄的灯说了好久，因为家里富裕，她小时候就胖嘟嘟的，但也十分可爱，可她父母从小就不喜欢她，他们说她晦气，只要挨着她，他们就没有如意的时候，还是奶奶坚持把她留了下来，到了小学的时候，奶奶不在了，她也已经胖得不成样子了。

莫小懒说，那是因为她病了，打过激素药物，她才变成那样的，爸妈看她的眼神是厌恶的，她从来不敢照镜子，慢慢懂事了，她觉得是因为太胖，父母才讨厌她，为了得到父母的爱，她开始与食物抗争，本来食量就大的年纪却只能节食，直到她蜕变成心目中的白天鹅。

苏木，我变瘦，变漂亮了，人们看我的眼神变了，同学都要和我玩。

可是，我不开心呢。

苏木，你知道多难受吗？有一个故事，当老鹰老了的时候，只有用喙拔掉自己所有羽毛，啄掉自己不再坚硬锋利的爪子，才能重获新生，连皮带肉撕扯自己的身体，你知道有多痛吗？

我沉默地听着。

可是，他们还是不喜欢我，不喜欢回这个家，你看，我生日他们都不回来呢。

这样青涩的年纪，夹杂着不知名的微痛。

6

我沉沉地睡去，恍惚间看见莫小懒出去了，许久没有回来，我光着脚走到客厅，厨房的冰箱门开着，发出淡蓝色的光，我探过头，一个我从来没有看到过的莫小懒出现在我的视野里。

她坐在地板上，面前散着一堆杂乱的蛋糕，那是晚饭时莫小懒没有动过的蛋糕，旁边还有一堆装过饭菜的盘子，她的头发散乱着，我看不到她的眸，她机械地往嘴里塞着各种东西，那双清瘦的手，在冰箱冷光的映衬下，显得异常可怕。

我猛地跑过去，扯过她手里正攥着的一块蛋糕，她似乎没有料到她的世界还有别人，有点儿愣神，下一秒，她愤怒地推开我，我重心不稳，直直地摔了下去，我看见她嘴角还没来得及咽下的果粒，她只是茫然地护住那堆甜腻的蛋糕，我的腿很痛但是不及心痛，莫小懒，你疯了吗？

浴缸里，我放满了热水，莫小懒静静地待在我身后，灯光下，她满身油腻，宽大的衣服掩饰不住她突起的胃，我好像做了一场糟糕的梦。

我用梳子梳着莫小懒因混合着各色奶油而打结的长发，几个小时前，我还在羡慕着这头长发，不小心拽下了一撮头发，她没有一点儿反应，依旧低着头。

7

我小心翼翼地打开家里的门，灯光骤然亮起，习惯了一晚上的黑暗，忽然被曝在看似明朗的光里，我找不到任何姿势来保护自己。

我抬头看向她，结果那是爸爸，他微胖的身子缓缓地移过来，你妈还在睡，昨晚吵架了。

这一刻，我忽然好想哭，但当我看见爸爸手里的渔具时，眼泪生生咽了下去。

街坊不止一次地朝我说道，喏，苏木，爸爸回来了，每天都可以吃鱼了。

这是羡慕还是嘲讽，我不知道，我不敢接话，生怕多说一句，我妈就会爆发，每次看见我爸钓鱼回来，她总厉着声音，你回来是享清福的？一大男人什么都不做，就知道钓鱼！还要我来伺候你们。

我觉得他们还不如陌生人，难道这样刺痛着、相爱着，才叫生活？

我爱她，也恨她。伤口一次次被扯开，连丑陋的痂也结不成。

今天，莫小懒没来上课，看着空荡荡的桌椅，脑子里总是在回想那天晚上的场景。

她摸着我右腿扭曲的疤，疼吗？

她说，苏木，我病了，病了好久，快好不起来了。

她说，我得了暴食症。

莫小懒讪讪地笑着，你不懂吧，这么久了呢，我也不懂。

我拿起书包，走出教室，顾不上还在上课，我必须搞清楚。网吧里面夹杂着烟草味，我屏住呼吸快速地搜索着：暴食症。

满屏幕的链接，压得我喘不过气来，周围的空气好像被抽干了。

暴食症被称为"神经性贪食症"，患者极度怕胖，对自我评价常受身材及体重变化而影响，由于外界压力无法排解，靠食物来释放压力，无意识地机械吞咽，无法自制地暴食直到腹胀难受，才可罢休，多由于不健康节食减肥，常伴有催吐等行为来清除已吃进的食物。

我使劲敲着莫小懒家的门，很意外，出来一对夫妇，我说我是莫小懒的同学，他们热情地带我进去，莫小懒在喝粥，我紧紧地盯着她，她的速度一点点加快。我压住她手中的勺子，慢点儿喝，喝完我和你聊聊，班主任让我来看看你。

莫小懒爸妈听到这句话，立马过来收拾桌子，让我们去卧室玩。

莫小懒穿着蓬松的睡裙，像平时一样温顺可爱，只是脸色有些苍白，我问，你吐吗？

莫小懒不可置信地睁大眼睛，你查过了？现在你把我当成一个只会吃，吃完还会吐的怪物吗？

莫小懒，你会好起来的，真的，你爸妈是爱你的，我看得出来。

哼，他们是怕我想不开。她扯过衣服轻轻盖住她的手腕，我还是看见了一条疤，粉红的。

我无力地看着她，你好好吃饭，上次我给你吃橘子，你是刚吐过，胃酸所以不吃？

莫小懒没有应声，我说，要算怪物，我也是一个。

不要吐了，牙齿会坏掉的，无论你是什么样子，你永远都是那个我喜欢的莫小懒。

如果我当时多留意一下，我一定能看到她脸上悔恨悲伤的逆流。

8

傍晚，我有些饿了，加快脚步回家，一天的疲劳让我忘记了，我是一个逃了一天课的乖学生。

推开家门，妈妈瞪红了眼，伸手要打我，逃课，你长大了，是吗？还逃课！

我没有躲，躲，是个愚蠢的办法，其实我也没有其他办法了。

爸爸上前拉住妈妈，看似撕扯，此刻，我的世界好像被倒置了，不想被规矩规定方圆，我像发了疯的豹子一样推开爸爸，打呀，我反正都这样了，干脆另一条腿也废了才好。

爸妈都愣住了，没有预料到我的反抗，爸爸走过来拉起我的手，下一秒，他扬起手，狠狠地打了我一巴掌，我感受到脸上火辣辣的刺痛，也感受到他掌心厚厚磨砺的茧。

记忆里一年只回来一次的爸爸，竟然打了我。

像断了线的风筝，被人丢弃的屈辱感袭来，我内心交错着积蓄的怨恨。

我恨恨地冲着失神的爸爸喊道，你没有资格打我，你们给了我什么，一个卑微的生命，一条残缺的腿，还是永远不会停止的争吵，是这些吗？

我一瘸一拐地跑进卧室，锁了门，来不及留意爸爸眼角皱纹里积聚的泪水，当我关上房门的那一刻，我看见爸爸像个孩子般嚎号大哭。

这一夜，注定是个不寻常的夜。

数里之外的莫小懒，又在发生着什么呢？

父母的愧疚换不回她满身疮痍的身心，他们许诺要医好她，补给她失去的童年。

她对着天的北边说，爸妈，明天我们去看看奶奶睡着的地方，好吗？

我浑浑噩噩地躺了一天，理不清思绪，妈妈第七次敲门的时候，我打开了门，当我看见她头上亮晶晶的几根白发时，我后悔了。

妈妈拉着我的手坐到床边，她第一次在我清醒的时候，仔细地抚摸着我的右腿，无数个夜晚，我都能感受到她在我的身旁，轻轻地叹气，我只是不想醒来。

你恨我们，恨你爸爸？

我沉默着，这种气氛我不太适应，她继续说，这种事情，真碰上了，谁能避免得了啊，虽然我怨你爸爸，但是，你不能这样说他，他是给了你第二次生命的人啊。

我惊愕，不知道发生了什么。

妈妈深深地吸了口气，那不怪谁，只怪那场火来得太突然，要不是你爸爸，别说只是伤了你一条腿，你的命差点儿也没了。你爸的手就是救你的时候伤到的，当时你的腿感染得厉害，钱也烧光了，别人捐的钱都给你用了，你爸的手没有好好治，以前那双手有手艺，可以做木工，现在手废了，没文化，能做什么呀，所以我要你好好学习，以后不要像我们一样过活。

我望向门边那双还没来得及躲开的、脏兮兮的塑胶鞋，泪水决了堤。

身体发肤，受之父母。我承受的痛永远不及父母的痛。

9

最后一次看见莫小懒，她坐在大巴里，我上不去，她贴着车窗，嘴一开一合，我听不见她说的话，我把手高高举起，附在车窗上，我说，你要好好的，好好治病。我看到她晶莹的泪水滴在嘴角。

她说，嗯。

我傻傻地笑了，如释重负。

呼啸而过的时光，碾碎了不堪的过往，我听着歌，这个世界很美好，不要轻易沮丧。

别人等着花开，我等着那年花谢。

豌豆小姐和树洞先生

亚小诗

1

他们从小一起长大，一起吃饭游戏，住在同一个院子里，管同一个人叫妈妈。他们不是兄妹，只是被抛弃后送往同一个地方的孩子，"彩虹家"是这所孤儿院的名字，兰妈妈是这里的院长。

她叫婉婉，她被送来的时候，似乎出生才几天，裹在一个绿色的襁褓里，异常瘦小，像一粒豌豆，兰妈妈便给她取名婉婉。他叫小康，来的时候就是有名字的，父母在他衣服里放了纸条，他生下来就不会哭，一岁多的时候被发现是个哑巴，直到现在依然是。

婉婉没有什么身体缺陷，她被抛弃的原因，仅仅因为她是个女孩儿。作为彩虹家里少有的健全小孩儿，她是很有优越感的，她很活泼，话也多，喜欢照镜子，喜欢问为什么。

小康只是说不了话，听力并没有问题，长相秀气，个子比同龄男孩儿高很多，再长大些或许是个手指修长搞音乐的好料子，可惜彩虹家没有这个条件。因为无法用语言交流，这里的小孩儿都不太理他。

婉婉像本《十万个为什么》，"小康，你说为什么一定要把牛奶喝完？为什么你不会说话？为什么我们的爸爸妈妈不要我们？为什么动物要被关在笼子里？为什么我们不能出院子……"小康不会说话，但婉婉还是会问。

婉婉很喜欢跟小康玩，只有小康最能忍受她的喋喋不休，小康像一个树洞，只有进的耳朵，没有出的嘴巴。小康也乐意跟婉婉做朋友，尽管他自己也不确定，这种乐意是否出于别无选择。

2

彩虹家不是很大，一直是大约二十个小孩儿，这个数字不会有大的变动，有的被送来，有的被领养走，这里像个码头，长久停靠的船很少，停在这里的，几乎都是有缺陷的船。

兰妈妈每天都会给孩子们上课，讲一些基础的算术，教一些简单的古诗，尽管眼前的孩子们，年龄参差不齐，有的才学会说话不久，有的快有她高，但是没办法。这里的孩子很少愿意去学校上学，他们很难适应正常的学校生活，哪怕是残疾人学校，他们也适应不了，最难过的一关不是身体上的畸形，而是情感世界的畸形，别的残疾小孩有父母，而他们没有。

最可能改变孩子们命运的，就是从天而降的领养父母。可惜，这个世界上，抛弃小孩儿的人总是比领养小孩儿的人多，多太多。

幸好，还是有一些心地善良的人，他们并没有领养小孩儿的打算，却会在儿童节或者某个周末来到这里，带来一些礼物，甚至带某个小孩儿出去玩一天，而这样的一天，是所有孤儿院小孩儿梦寐以求的。

婉婉的优越感真的不是一天两天了，她是彩虹家所有小孩儿中，被带出去玩次数最多的，她去过这个城市里最大的游乐场，摸过海豚，骑过大象，甚至有一件昂贵的名牌童装。是啊，她长得可爱，笑起来也甜，最关键的是，她是健全的小孩儿。真搞不懂，许多善良的人们带着一颗爱心来了，却带着一副有色的眼镜在挑选，是的，挑选，他们在挑选一个带出去不会让自己尴尬的小孩儿，甚至是拍下照片放在自己的微博里能足够上镜的小孩儿。

小康从来没有出去过，他不知道外面的世界是什么样的，只是从婉婉的描述中隐约觉得，外面阳光很好，动物很多，空气有糖果的味道。

"小康，你想离开这里吗？"婉婉问。

小康点了点头。

"永远离开吗？"

小康顿了一会儿，点头和摇头都没有。

"你好奇怪啊！一点儿主见都没有，你没看过外面的世界，都不知道外面多美好。我想离开这里，这里太小了，我们像被关在笼子里的小动物，偶尔才有阿姨叔叔来笼子前看我们。"小康愣愣地看着婉婉，仿佛眼睛都没眨一下。婉婉继续说着："我一定会离开这里的，一定会，因为我跟大家不一样。"

是的，她跟自己不一样，小康早就意识到这一点，小康当然也相信，婉婉会离开这里，远离自己。

"你为什么老盯着我看！"婉婉噘着嘴，俏皮地问。

小康依然只是看着婉婉，久久地看着，看一眼少一眼地看着。

3

兰妈妈说，今天是个很特殊的日子。

彩虹家所有的孩子，都穿上了自己最好看的一件衣服，姑娘们的小辫儿上还被扎上了头花，没有人知道今天要去干吗，只知道，儿童节已经过去了，月饼节还没这么快。

兰妈妈面色红润，似乎还化了点儿妆，总之比往日漂亮许多。她把孩子们都领到院子里，让他们一个个排起了队，"去哪呢？""能看到大熊猫吗？""人不要太多就好"……孩子们叽叽喳喳地议论开来。

整队完毕后，兰妈妈拍手示意大家安静听她讲话，她微笑着说：

"有两位跟你们一样在这里长大的哥哥姐姐，今天要结婚了，他们邀请彩虹家所有的孩子参加他们的婚礼，今天中午，大家会去一个很漂亮的地方，那里会有很多好吃的，很多的气球和花，你们一定要乖，不要哭不要闹，好不好？"

"好！"孩子们乐开了花，尽管他们其中还有一些人根本不知道结婚是什么意思。

一声喇叭响，兰妈妈打开了门，一辆装饰着许多玫瑰花的长客车停在门口，兰妈妈示意大家排好队，跟着她上车。客车很新，还有点香，婉婉和小康坐在一起。

婉婉说："来，小康，我坐外面，你坐进去，离窗子近一些。"

小康乖乖坐好。

车开动了，小康新奇地看着窗外的一切。

婉婉说："你看，这个楼好高吧？要坐电梯才能上去，电梯是一个会飞的小房子，嗖的一下就飞到楼顶了。

"你看，那个是红绿灯，她开心的时候脸是红的，所有的车都停下来看着她，她不开心的时候脸就变成绿的，所有的车就要快跑躲着她。

"还有那个好大好高的圈圈，那个叫摩天轮，有一个看不见的巨人，他用手指轻轻一划，轮子就转起来了，我们就住在轮子上的小屋里，像小矮人一样。"

……

婉婉一路描述过去，小康觉得外面的世界太美妙了，所有的美梦加起来都填不够。

车停了。

新娘新郎早已等候在门口，他们看到兰妈妈，都扑进她怀里，兰妈妈的小身板都快站不稳了。

婉婉盯着新娘子的衣服看，白色的纱，蓬蓬的裙摆，像童话书里的公主一样，真美。可惜，这个姐姐长得一点儿也不好看，她的嘴巴怎么是这样的呢？上嘴唇像被什么划破了似的扯到了鼻子下方，这样的嘴巴，放在任何一张脸上都不会好看的。

婉婉再看了看新郎，他看起来很正常，但婉婉知道，他肯定听不到或者脑子不太好，甚至像小康一样，不能说话，是的，婉婉很确定，彩虹家里长大的小孩儿，没有几个会像自己一样是健全人。

新郎新娘热情地招呼着这群弟弟妹妹进大厅，孩子们都发出"哇"的惊喜声，只有婉婉没有，比这更好的，她见过不止一次，这有什么好惊讶的。

4

婚礼并没有多么大型，加上两桌彩虹家的孩子，也才十桌不到，毕竟两位新人都是孤儿，亲人这边就没有人，来的都是些同学和同事。

兰妈妈，理所应当地成了他们的证婚人。

主持人让兰妈妈上去说话的时候，她好几次哽咽，"两个孩子都是喊着我妈妈长大的……都跟我的亲生孩子一样……又是婆媳又是嫁女，我真是双喜临门……昨天，丫头还打电话跟我说，没有亲人能来婚礼很沮丧……你看，台下的弟弟妹妹们都是你们的亲人啊，彩虹家就是你们的家，还记得为什么要叫彩虹吗？因为你们的身上有彩虹，天上没有……"

婉婉没有在认真听兰妈妈讲话，她只是很认真地盯着新郎看，然后，她拽了拽小康，凑到小康耳边说："你看你看，这个哥哥的左腿硬邦邦的，那肯定是只假腿！"

小康没太搭理婉婉，他觉得这种场合婉婉关注这些会很不礼貌。他很认真地品尝着餐桌上的美食，他知道能同时吃到这么多好吃的东西的机会不多。

新郎新娘行礼致辞后，跟兰妈妈一起，开始挨桌敬酒。孩子们这边，当然都是以饮料代替，当新郎走到婉婉边上时，婉婉居然微微弯下身子，轻轻拧了一下新郎的左腿，"哈哈，果然耶！"她的话没有让新郎察觉出什么，只有小康知道她的意思，小康瞪了一眼婉婉，像哥哥在管教不懂事的妹妹，婉婉并没有发觉，反倒沉浸在自己的非凡侦探能力中。

兰妈妈敬完酒后，回到孩子们这边，在婉婉旁边坐下用餐。

兰妈妈问婉婉："今天开不开心？"

婉婉甜甜地说："嗯！"

"以后你嫁给小康的时候，妈妈也做你们的证婚人哦！"兰妈妈开起了玩笑。

婉婉被这话弄得好羞涩，不知道说什么好，只能稚嫩的脸蛋装得异常严肃，开口居然说了一句："我才不会嫁给小康呢！他是个哑巴。"

正在开心享用美食的小康停下了嘴，他完全愣了，顿了一会儿后，又赶紧大口大口地吃起来，假装什么都没听到。而此时的婉婉也十分愧疚，愧疚得不知所措。

婉婉的话让兰妈妈的笑容变得僵硬，她叹了口气，放下了筷子，看着眼前这一群孩子，一个个地看着，想着他们会不会有这样一天，他们会不会幸福，会不会悲伤。

5

短暂的幸福时光结束了，孩子们回到院子里，关上门，一切又跟昨天一样。

只是，小康不像往常一样亲近婉婉了。

婉婉也察觉到了这些，很沮丧。她也许不会嫁给小康，但小康绝对是她最好的朋友，不能失去这个朋友，她想挽回这段友谊，她深信自己一定可以的，现在，她需要做的，就是为挽回做件大事。

这个周末，婉婉又被新妈妈接出去玩了一天。

傍晚回来的时候，她牵着新妈妈的手，举着一个很大的棉花糖，像枕头那么大。她把棉花糖递到小康的手上，"喏，送给你的，我们是最好的朋友。"

小康没有伸手接，看着婉婉愣了一会儿，然后转身走到树下坐着。

婉婉跟了上来，脸皮厚厚地，把棉花糖硬塞到小康的手中，小康没再拒绝。婉婉说："收下了我的礼物，就算原谅我了哦。"然后，她凑到小康耳边，神秘兮兮地说，"你过来，我给你看样东西。"然后也不管小康同意不同意，把他拽到一个墙角。

婉婉跟做贼似的左右瞄瞄，然后小心翼翼地从裤子口袋里掏出个红色的东西，她轻轻地打开，居然是——一百块钱！

"不要让兰妈妈知道哦，这是我向新妈妈要的钱，我想带你去坐摩天轮，你是我最好的朋友。"婉婉的大眼睛闪着光。

小康愣愣地看着婉婉，像平常一样愣愣地，只是看着。

第二天，吃过早饭，婉婉的眼睛便滴溜滴溜地转了起来，是的，她在预谋，预谋一次出逃。

每天早上9点钟左右，都会有个老爷爷来院里收垃圾，收垃圾的时候，门是开的，老爷爷需要走两三趟才能把所有的垃圾袋搬上垃圾小车，而这两三趟的走动时间，门一直是开着的。

婉婉到厨房的窗子外瞄了瞄，确定兰妈妈在认真地洗碗。她拉着小康在离门最近的树下坐着，她告诉小康，9点钟收垃圾的爷爷来了，他们就跑，无论谁看到，谁喊，都不回头，接着跑。小康没有点头，也没有摇头，紧张地坐着，从他的表情看出他对这次的疯狂行动持默认态度。

果然，9点过5分，垃圾车的一走一晃的铃铛声响了，老爷爷自己有钥匙，熟练地开了门，然后径直走进去取垃圾。

婉婉攥紧小康的手，轻声但很用力地说："跑！"

小康的手心满是汗，他没有动，他感觉自己的腿硬邦邦的，挪不动步，他依然坐着。

一会儿的工夫，老爷爷已经拎着几袋垃圾出来了，也就是说，他们已经失去一次逃跑机会了。

婉婉用力地捏了一下小康的手，叹他不争气。"小康，我们只有最后一次机会了，等下再不跑，爷爷就关门走了。"她再次攥紧小康的手。

老爷爷再次进屋取垃圾的时候，小康跃起了身子，他拉着婉婉，用尽所有力气，跑出了大门，一直跑，不敢停，也不敢回头，一直跑着，直到婉婉说跑不动了，他才放慢脚步。

6

小康停下来，回头，才发现，自己已经离生长了九年的院子很远了，远到视野尽头的那头。婉婉对小康的爆发力感到惊讶，她笑着说，"你真厉害，跑起来像风一样。"小康喘着气，羞涩地露出憨憨的微笑。

"我们赶紧坐车走吧，不然兰妈妈该追上来了。"说罢，婉婉熟练地伸出手，开始拦车。很快就有车停下了，婉婉说："叔叔，我们要去摩天轮。"

司机师傅疑惑地看着眼前这两个小毛孩儿，"小朋友，你们带钱了吗？"

婉婉很神气地掏出自己的一百块，"喏！看，我们有钱！"

司机便让他俩上车了，一路上还时不时用后视镜看着他俩，问："你们的家长呢？"

婉婉的反侦察意识很强，不敢透露半点儿偷跑的信息，说妈妈在上班，下班了去游乐园接他们。然后，便只顾着对小康讲摩天轮有多好玩，没再搭理师傅，还轻车熟路地告诉小康"坐摩天轮要六十块钱，小朋友只要30，我们还有很多钱呢！我带你去吃肯德基！"

到了游乐场的大门口，出租车打表费用是二十五块，婉婉爽快地付了钱，然后把零钱小心翼翼塞进口袋，说了声叔叔再见，便乐呵呵地牵着小康的手进游乐场了。

司机师傅看着这俩小孩儿纳闷，即便两人坐摩天轮一共只要六十块钱，他们余下的十五块钱够吃什么肯德基？算了，懒得想那么多，现在古灵精怪的孩子多的是，管不过来的，司机师傅接了新的客人走了。

7

婉婉带小康直奔摩天轮，她走到售票处，踮起脚尖，递出六十块钱，"阿姨，我们要两张票。"

"小朋友，你的家长呢？小朋友只有在家长的带领下才能购买半票。"售票阿姨有点儿不耐烦地告诉俩小不点儿。

"可是我们是自己来的，没有家长，怎么办呢？"

"那没办法咯，你们只能买全票，每人六十块钱。"

"啊……这样？"婉婉顿了顿，"好吧，阿姨，我要一张票。"

049

小康拽了婉婉，眼神里写满为什么。婉婉笑了笑，"没事呢，我以前已经坐过了，你就一个人玩，别怕，我在下面等你，没有很久的，一会儿就好啦。"小康第一次感觉婉婉这么善良可爱，仿佛跟宴会那天出口伤人的婉婉不是同一个人。

小康攥着票，一个人进了小屋子，摩天轮缓缓转动的时候，有音乐响起，叮当清脆，真是太好听了，也不知道曲子叫什么，就是很好听。小康听着音乐，把脸贴在玻璃上，看着跟自己挥手的婉婉，像平常那样盯着看，只是看着。看着婉婉变得越来越小，直到变成地面上的一个小黑点，再渐渐地看着婉婉由小黑点儿变大。他只在看着婉婉，一直是看着婉婉，都没有去欣赏高空的风景。

婉婉就像一顿雕塑，一动不动地，仰着头看着小屋子里的小康。

小康下来后，婉婉赶忙过去问他，好不好玩？高空美不美？小康很用力地点了头。

婉婉牵着小康的手，说"走，我带你去吃肯德基。"其实她自己也知道，她只有十五块钱，只够买一个小小的汉堡。但小康没有吃过肯德基，她一定要带他去吃。

婉婉来到柜台，花了十四块五买了一个汉堡，全身只有五毛钱了，而他们还要回家，不过婉婉没想这么多，她只想让小康高兴，让小康原谅自己，他们能重新成为好朋友。

她把汉堡递给小康："喏，给你吃。我以前吃过好几次啦，我现在也不饿。"

小康摇了摇头，示意不会一个人吃，让婉婉挨饿的。

婉婉见小康这样，便说："好吧，那你把它掰成两半，我们一起吃。"

小康很用力点了点头，他接过汉堡，在掰开的时候，一不小心，中间的一整块鸡排掉到了地上，小康愣了，表情无比愧疚。

婉婉笑着说没事，伸手从小康手上抽了一块面包，"我们不是还有两块面包嘛，一人一块，这可是肯德基的面包，吃了这个，你就算吃过肯德基了！"

小康点了点头，张大嘴巴咬了一口，他很想告诉婉婉，这是自己吃过的最好吃的面包，可惜，他不会说话，他只是看着婉婉，一边大口吃着面包一边看着婉婉，婉婉也学他大口吃着，两人傻傻笑成一堆。

8

吃完，他俩笑着走出肯德基。

婉婉这才意识到回家的问题，五毛钱，坐公交车都不够。不过，幸好在小孩子的世界里，还是永恒有个高大形象可以依靠的。

婉婉拉着小康走到一个治安亭，可怜兮兮地告诉警察叔叔，他俩迷路了，请叔叔送回家。警察叔叔仿佛认识他们似的，说原来是你们，然后他赶紧打了电话，告诉电话那头，上午有人报案说走丢的孤儿院小孩儿在他这里。接着，没过多久，就有警车开来了，叔叔说，送他们回家。

两人欣喜地坐在车上，还是头一回坐警车呢，真好玩。一天的时间，婉婉在小康的心目中变得异常高大，婉婉真是什么都知道，见过世面，吃过好东西，连没钱都能找到免费回家的方法。小康异常佩服婉婉，婉婉呢，自然也沉浸在被佩服和自我欣赏中，今天真是完美的一天呢。

他俩都不知道，因为他们的偷逃，兰妈妈已经着急得快要疯掉。

院子的门一开，他俩就愉快地牵着手进门了，兰妈妈冲上来，抱着他俩泣不成声，脸上的泪痕新旧叠加，像沟壑般。得知婉婉带着小康去了摩天轮和肯德基，兰妈妈不知该训斥还是心疼，只是抱着他们说，"回来就好，回来就好……"

婉婉和小康的关系因为这次传奇的出逃经历而和好如初，甚至说，关系更加密切。

而一向被视为懦弱的小康，也因为这次勇敢的行为而被小男孩儿们奉为偶像，没人再孤立他，小康觉得，他的生活似乎从出逃的那一天开始，突然明亮起来。

9

某个周末的早上，又有大人过来带小孩儿去玩了，孩子们坐在教室里，眼神充满光芒地看着这对和蔼的中年夫妻，无数个人在心中默念"选我吧！选我吧！"这些人里也包括小康，可惜，他从没被选过。

兰妈妈站在这对夫妻的身旁小声说着话，似乎是在介绍着孩子们。然后小康发现，他们的眼光都落在了自己这个方向，准确地说，是身旁的婉婉的方向。是啊，可爱、漂亮又健康的婉婉，总是最受家长的欢迎，她又可以出去玩了，真好。

兰妈妈走过来，轻轻地牵着婉婉的手，把她带出去了，婉婉熟练又乖巧地跟着走了，还不时扭过头来看看小康，她似乎在说什么，口型是"等我！给你带好吃的！"

小康用力地点了点头。他并不知道，今天晚上，婉婉不会回来了，甚至以后也不会再回来了。

就这样，婉婉被领养走了，她如愿地离开了这里，离开了这个她心目中自己跟别人不一样的地方。小康想，她一定很开心吧。

小康的生活突然变成了独自一个人，他有些不习惯，总是不知道该站着，还是坐着，仿佛哪里都不是他适合待的地方，他心情很不好。可他不会说话，很多事，不说出来，就没人知道。没人知道他心情不好，没人知道他在想什么。

不知道该站着还是坐着的小康，发现跑步是个不错的事情，跑起来脑子可以不想很多事情，所以，不开心了，他就跑步，虽然院子不大，但在最大的圈跑上十圈，也够他累的了。他跑得可真快，像婉婉说的，像风一样。

这一天，小康在跑步，兰妈妈把头从窗子里伸出来，"小康！你有电话！婉婉的电话！"

小康突然停了下来，他完全愣了，从来没有人给自己打过电话，因为自己是个哑巴，哑巴怎么接电话？这是婉婉的电话，婉婉一定有好多话要说，她一定会说很多她的见闻，或许她会说她马上要回来看自己。

小康虽然很兴奋，可是他没有跑，刚才跑得太急，他喘气很重，不想喘气的声音影响婉婉说话。他颤抖着拿起电话，兰妈妈在一旁说，"婉婉，小康来了，你可以跟他说话了。"

婉婉的声音并没有想象中那么喜悦，"小康，你现在还好吗？没有人欺负你吧？有新的朋友吗？有机会出去玩吗？想不想我啊？"她还是那么喜欢问为什么，不管电话那头的人会不会说话。

"小康，现在这样，我问你问题，是的话，你就用手指敲一下话筒，不是就敲两下，好吗？"小康很配合地敲了一下。

就这样，一通只有一个人在说话的电话，打了半个小时，小康一下两下地玩着手指，也并不觉得厌倦。

婉婉的新家不在本市，甚至不在本省，婉婉只知道坐了一天多的车，只知道很远很远。新家不是很富有，比不上平常带自己出去玩的叔叔阿姨的家，但新爸爸妈妈对她很好，她有自己的房间，自己的很多东西。只是，她很难适应外面的生活，毕竟，在彩虹家里，她是一粒有优越感的小豌豆，可离开彩虹家，她只是一棵普通的蔬菜。她好多次想过要回彩虹家，可她知道这个是不能改变的，她甚至想过偷偷给兰妈妈打电话说新爸爸妈妈虐待她，可是她做不到，毕竟，他们对自己很好很好……

小康安静地听着，不时地发出些大的呼吸声告诉婉婉自己还在听。其实，他也有好多问题要问婉婉，上学的学校漂亮吗？有新的朋友吗？会不会回来看自己？可惜，他只能想，不能说话。

10

就这样，婉婉经常给小康打电话，无论小康在做什么，他都会立马停下来，以最快的速度冲到电话前。每次都只有一个人在说话，但婉婉都能聊得很开心，小康对于婉婉而言，早已不是一个不会说话的树洞，而是一个藏宝盒，一堵许愿墙，一个最好的朋友。

突然的一天，婉婉的电话打来，兰妈妈说，小康以后接不到电话了。

婉婉惊讶万分，"他怎么了？"

"小康这孩子，越长越高，手脚都很修长，他每天在院子里跑步都像风一样，他或许是个搞体育的好苗子，我带他去了省青年田径队，教练现场看了他跑之后，立马就留下他了，他以后或许能当个好的运动员，他自己也很乐意。"

听到这些，婉婉也替小康高兴。

封闭训练的小康无法跟外界联系，回彩虹家的机会也很少，婉婉搬家了，换了新的电话，她的家人也不是很喜欢她总惦记着彩虹家，就这样，两人非常默契地彼此失去了联系，所有人都认为，小康会是一名优秀的田径运动员，他的教练也是这么认为，教练特别喜欢他，加上自己没有小孩儿，他便把小康当儿子，带回家住，供他上学。教练的妻子是个音乐老师，也把小康当作宝贝。发现小康的乐感不错，还手把手教他钢琴，他听力特别好，听过的曲子，自己就能琢磨出来。

婉婉越长大越出落得亭亭玉立，人漂亮，笑起来甜美，又活泼开朗，从小学到高中，都是舞蹈队里最出众的一个。

考上大学的暑假，婉婉打算回彩虹家看看兰妈妈，她一个人坐上了南下的火车，火车站到彩虹家的路上，经过了童年的游乐场，那个摩天轮居然还在，婉婉忍不住下车看看。

摩天轮已经很旧了，可还在转，转动的时候，放的还是当年那段音乐，不知道叫什么，就是好好听，婉婉抬起头，看着一个个转动的小屋子，仿佛哪个屋子里还有个小康在贴着玻璃看着她一样。

11

大学新生要出一台晚会，作为舞蹈特长生的婉婉，必然是要出一个独舞节目的，她需要一个钢琴伴奏。

她找到音乐系的同学，希望能帮个忙，同学说："我可以帮你联系我们院钢琴弹得最好的男生，人长得也帅，可惜他不会说话，不知道你们交流会不会有困难。"

"哦哦，应该没什么困难，我小时候有个很好的玩伴，他也不会说话。"

"他真的长得超级帅，个子又高。"同学一边掏手机一边说，"给你看看他的照片。"

婉婉有些发愣，"别说，他长得挺像我的小玩伴呢，眼睛特别像。"

"哈哈，哪来这么巧的事情？我把他联系方式给你，你可以跟他联系一下。"同学通讯录打开的瞬间，婉婉呆了，这个人的名字里居然也有个"康"字！

婉婉有些激动，她立刻拨通了那个号码，不顾旁边的同学在提醒他，应该发短信，对方不会说话。

电话很快就接通了，"我是彩虹家的婉婉，小康，是你吗？"

电话那头传来一声很熟悉的响动，婉婉很清楚，那是……手指敲击一次电话的声音。

豌豆小姐和树洞先生

许安阳，我是无处可去的孩子

紫颜烟雪

1

初夏，当我负气地离开家。站在车站的中央，看着一列列南来北往的车，一种深深的陌生感充斥在心头，不知道要去哪。但我坚定地认为，即使流浪，我也不会留在这里了，我恨死了那个叫家的地方。

我坐在地上，看一张张陌生的脸看我时怪异的表情，我想哭！我想到了许安阳，在那个泣血的黄昏，他把一片火红的枫叶放在我的手心，郑重地说，陆百合，如果有一天无处可去了，你就来找我吧！

我记得我当时冲许安阳翻了翻白眼，你才会无处可去呢！可是现在，安阳，我想你了，我要去找你，你还在吗？

2

当我一脸疲惫地出现在许安阳面前，许安阳正面向太阳，押一个懒腰。许安阳揉了揉惺忪的睡眼，打趣地说，陆百合，我不会是在做梦吧？你真的无路可走了？

我一脸不屑道，许安阳，你该不会说话不算话吧？那我可走了啊！

许安阳连忙拉过我大大的旅行箱，满脸赔笑，别，来了就住一段时间嘛！我都等你很久了呢！再说了，我可不是无信无义的人。

我假意不情愿地跟着许安阳进了他的家。

等到许安阳把一切为我整理好，早已满头大汗。我说，许安阳，谢谢你！

许安阳原本擦着脸上汗珠的手停了下来，怔怔地看我，又像个得了糖果褒奖似的孩子。许安阳说，陆百合，我做的这些，都是我心甘情愿的，不需要你的谢意。

许安阳沐浴去了，留我一个人站在窗前，看楼下的巷道里人来人往。

3

许安阳带我到他家开的茶楼，说，喝杯茶吧？

我狠狠地点了点头。以前，只知道许安阳家有钱，至于是做什么的，我从来没有问过许安阳，许安阳也没向我说过。只记得许安阳说过，年少的情谊，与很多的东西无关。

茶楼挺别致，每个小屋前，都有两棵竹子，笔直挺立的杆，枝节分明，纤长的叶子还悠悠地垂着。我说，许安阳，就给我一杯竹叶青吧！许安阳熟练地冲好茶，端了两杯放在桌上，我们面对面地坐着。

我有些诧异，许安阳，你也喜欢喝竹叶青？

许安阳并不理会我，端起茶轻抿一口，才缓缓地说，我并不喜欢，只是我想知道你喜欢的味道。

我不说话，阳光透过窗户落下来，我感到有些刺眼。

我想说点儿什么，许安阳好像也是，只是每每我们都抬起头想说点儿什么的时候，看到的都是彼此的欲言又止。于是，沉默代替了所有。我和许安阳闷闷地喝茶，像饮着时光的水，不知疲倦。

终于，许安阳再也憋不住了，百合。没等许安阳说完。我就说，安阳。

然后，我们又沉默了。

4

七楼的阳台，夜风很凉，我抖擞着身子看这个灯火通明的小城。忽地，感到一阵温暖。转过身，是许安阳给我披了衣裳。刚想说感谢的话，许安阳捂住了我的嘴，许安阳说，百合，我看得出来。你来，并不只是来找我这么简单，你有心事。

我一阵哽咽，我……

许安阳握住我的手，百合，你不说，我不会问。你说，我会听。无论如何，你都要记住，不管现在，还是往后，只要你需要，我都可以陪在你身边。

我的眼角润湿，怔怔地看着许安阳，似乎他比任何时刻的许安阳都帅、都迷人。但我还是克制住想要拥抱许安阳的冲动，我转过身，看着模糊一片的远方。良久，我说，许安阳，从我们遇见的一刻，是不是就注定，有一天，你会收容如此落魄的我？

许安阳和我并肩站着，说，如果有一天我也如此落魄，你一样会收容我，不是吗？

我鼻子一酸，抽泣着。

许安阳并不安慰我，他只是怔怔地站在一旁，看我哭，还一边呢喃：哭吧，哭了就好了。

也许，有许多的话，只能用眼泪来表达；有许多的包容，只能用漠不关心来保护。我一直记得，那个夜晚，许安阳陪着我，看我在七楼的阳台哭了那么久，直到我走了，许安阳还一直站在那里，站了那么久，像一个世纪那么长。

5

我睡不着，翻来覆去地睡不着。满腹的心事地等待一个倾听者，可是许安阳明明说过他愿意听的啊！我为什么不说呢？他那么懂我！

我在脑海里开始回忆，我是在什么时候，遇见了许安阳，然后相识了的？

高一，班主任实行"一帮一"的学习计划，然后桀骜不驯的许安阳坐在了我的身边。听别人说，许安阳除了学习，其他什么都干。我当时就像接到一块"烫手的山芋"般窘迫，生怕别人帮助的对象成绩突飞猛进，而我的毫无起色。

令我奇怪的是，许安阳并不似别人说的那样一无是处，坐在我的身旁，变得安静了，也开始认真学习了。时常，还送我一些令我欣喜的小东西。

"看到你的一刻，我顿时觉得我的身上有了一种安静的力量。"这是许安阳后来对我说的。我也暗自庆幸，在时光的流转里，我遇见了许安阳，然后在不知不觉中，帮助他变得更好了。

059

高二，我们一如既往地坐在了一起，在用成绩说话的年代，再没了被分开的理由。

有时候，我也有些分不清，我和许安阳之间，究竟是一种怎样的感情？我是许安阳的红颜知己？或者，许安阳是我的蓝颜知己？是，也不是。但我清楚地知道，我对许安阳的喜欢、依赖，都不是爱情，似乎超越了感情的界定。

然后时光，就走到了现在，高考前的最后一个夏天，我和家人吵架了，我离家出走，然后，我找到了许安阳，许安阳收留了我。还说，只要我需要，他就会陪在我的身边。可是许安阳，我不能保证，只要你需要，我就能陪在你的身边，原谅我的自私好吗？

6

许安阳的家很温馨，家人间的相处很融洽，而我，显然也被当作这个家的一员了。只是，在许安阳家里过得愈好，我愈是割舍不下自己痛恨的家。渐渐地发现，所谓的痛恨，只是当初为了给自己一个离开的理由，现在想念了，便什么都觉得温暖了。

许安阳说，陆百合，这几天你变得急躁，和刚刚来的时候的伤感是不一样的，你有了离开的冲动。你的心，又在漂泊了。

我说，许安阳，待在一个地方久了，都会生出厌倦的。我想去看海，也想回家。还有许多、许多对我充满着诱惑的地方，我都听到了它们的召唤，可我真的想回家了。

许安阳倔强着脸，一字一顿地说，明年毕业了，我带你去看海。

我看着许安阳，他的脸上写着我完全不懂的情绪，但我还是狠狠地点了头。许安阳在我生命中出现，似乎只是为了帮我完成任性的心愿，和在我落魄无助的时候好好地照顾我，让我明白，生活一直安康。

许安阳送我到车站，那天的阳光炽烈，没走几步就被汗水浸湿了身，混杂着眼角的泪水，许安阳的脸上写满了不舍。其实，我又何尝不是？许安阳满脸落寞，把行李箱交到我手上时有过一刻的犹豫，许安阳说，陆百合，如果你再离家出走了，你要记住，这里还有你的一个家，什么时候，它都欢迎你的到来。

我没有再对许安阳翻白眼，也没有驳斥许安阳。我向许安阳苦笑，会的。

车走了，六月的天，写满了忧伤的故事。

我从一个家，回到了另一个家。

家，完好如初，母亲也小心翼翼地保护着我离家的那一份叛逆。生活，似乎回到了之前的安然与美好。我打电话告诉许安阳，许安阳只是轻声地说，我就知道，一切都会好的。挂断电话，一个人默默地惆怅半天，许安阳的反应那么淡，淡到我都感受不到。

后来，母亲告诉了我实情，从你出走的第一天起，安阳就悄悄地告诉了我关于你的一切，知道你在安阳家一切安好，我才没有慌忙地寻找，也没有过多地担心。你回来，也是安阳告诉我的。

我微笑着向母亲道歉，母亲含着泪说她也有错。我们抱在一起，哭了。

许安阳，你居然"出卖"我。只是，谢谢你的"出卖"，谢谢你小心翼翼地为我保存了一个家的无恙，我感谢时光的遇见。

许安阳，我想考浙大，你呢？

许安阳皱着眉头，半晌才回答我，我想去复旦。

"哦。"我不记得我想着什么了，只是看见高考倒计时的标牌还有十五天。也许，这也是我和许安阳在一起最后的时间吧！

我在心底默默地祈祷，可时光还是杀得我们措手不及。当书本像雪花般飘飞起来祭奠这段青春的结束时候，许安阳悄悄地抱着书离开了。连告别都没有向我说，只在校园那条悠长悠长的小道上，留我一个孤单而落寞的背影。

高考揭榜了，我如愿地上了浙大，可在复旦的那一列，我没有找到许安阳的名字，在红榜前，我也没有看到许安阳的人。我想去找许安阳，但在想起的那一刻，仿佛觉得我们之间多了一堵无形的墙。虽然我知道，许安阳并不需要读书去改变什么，但有些东西，真实的存在了。

后来，许安阳告诉我，他要去西藏，走一次朝圣者的路，一个人。

于是，在那个夏天，我独自背上背包，去了遥远的海边。当我站在温柔的夕阳下，看海水一点点地漫过沙滩，心顿觉得安稳了，就像许安阳说过的"第一次见到我就觉得有了一种安静的力量"一样。

夜凉，吹着海风。我时常想，我的心，也如那宁静的海，漫过回忆的长廊，看见那里闪烁着一个名字——许安阳。许安阳，你说过要陪我看海的，可是你的人在哪呢？许安阳，这次，我要你记住，即使你不再陪着我了，你说过那些要陪我去看的风景，我都会一一去看过。

许安阳，如果有一天，我又无处可去了，你还会收留我吗？

海鸟吻过大海与天空

　　遥想当日，我在陆柏原家的厕所遇鬼事件根本不是妄谈。那个从墙上离开的身影正是慕白，那日，慕白假装接了一个电话说有急事要离开，其实是偷偷去看小七，没想到我中途憋尿，回家回得这么早，才导致他措手不及，翻墙离开。只是墙有点儿高，他摔伤了脚腕，躲在墙下痛喘，当他喊我名字的时候，我由于惊吓过度，直接逃跑。

很高兴遇见你

布　鱼

起　程

我起程的那天，南京下了点儿小雨，有一丝朦胧，更多了一丝清凉，适合骑行，路上车来车往行人如织。我蹬着我新买的山地车，停靠在公交站台背后，从缝隙中窥探马路对面刚好路过的你，还有你的初恋——程梦溪。

程梦溪膝盖的伤大概还没有好吧，还绑着被药水染了一块紫色的纱布，走路还有点儿崴。她双手缠着你的腰头侧向你的肩膀，你则一手撑着大黑伞一手扶着她纤细的腰。

记忆中，好像我们在一起那么久了，也没曾那样亲昵过呢！

早在我们在一起之前，我就听说过关于你和你初恋的故事了，你们家是世交，你们青梅竹马，你郎才她女貌，你对她百般好，理科状元的你甚至为了她才来了这个普通的一本，而她却喜欢上了一个金发碧眼的英格兰小伙，很快就把你抛弃了。你没有说什么，只是买了一辆山地车，一路骑行去了西藏，回来的时候黑了一圈不说还满脸痘痘，级别立马从校草降为了羊驼。

所以，在我宣布要和你在一起的时候，宿舍那帮人除了佩服我是现代版"简·爱"勇气可嘉之外，又把你对初恋的深情往事翻了出来，又不知从哪里道听途说，程梦溪和英格兰小伙在一起后，存在文化差异，沟通不便，其实感情并不好，总吵架，吵完架还找你诉苦。她们恳切地交代我要看好你，还说什么初恋是男人永远过不去的一道坎。

但我相信你，宋沐阳，你是个洒脱的人，才不会执迷于一道坎儿而爬不出来的。

那时候，我瞪着眼跟她们辩解，谁的新欢不是别人的旧爱呢，她再好也不过是过去时了，而我是现在进行时，是将来，是永远。

于是，在你邀我去玄武湖赏荷花玩浪漫的时候，我却捶着你的背，逼着你呐喊"宋沐阳和庄淼淼要永远永远在一起"。

赏荷花的路人一个个眼光鄙夷，我却全然不觉，傻笑着舔着冰激凌，吃完了冰激凌又自个儿接着喊："真好呀，我喜欢的宋沐阳，他正好也喜欢我耶，哈哈，我真是这世界上最幸福的人……"真是，没有一点儿女孩子该有的矜持。

仿佛，跟真的走到了永远似的，像风筝呼来呼去，开心地喊了一下午，直到嗓子哑掉。但恐怕，没有人可以预见未来，永远真像一个遥远的梦，而我的梦也该醒了，早在程梦溪决定回到你身边的时候，我的梦就该醒了。

一辆公交车过来了，挡住了我的视线，停了两三分钟，又走了。视线又打开，但你们也走远了。

我把脚放在脚踏板上，轻轻一蹬，就起程了。这辆山地车是照着你那款买的，花了我半学期兼职赚的钱。

扭头回望，还能看见你们依偎的背影，还有那抢眼的大黑伞。

而我却只能在心底默念：再见，宋沐阳。请记得，我曾那么那么喜欢过你。

总有些惊奇的际遇，比方说当我遇见你

那把大黑伞我此生难忘。

第一次遇见你，在学校侧门，雨下得很大很突然，刚从KFC做完兼职回来的我，没有带伞，只好躲进了旁边的一棵大香樟树下。你来得很及时，骑一辆黑色捷安特山地自行车，撑一把大黑伞，依旧是简洁的白色T恤，蓝色牛仔裤。

我傻笑着拦住你的去路说："嗨，同学，很高兴遇见你。"

你单脚支在地上，笑得很勉强，但还是礼貌性地回了我，"也很高兴，遇见你。"你黝黑的脸上满是痘痘，虽然没了当初校草的白嫩可人，但眸子依旧温柔剔透，反衬之下也算是别有一番味道吧。

经过我详细的解释，你最终改变了直接去吃鸭血粉丝的主意，打算先送我回宿舍。

你知道的，我脸皮还是比较薄的，这样麻烦一个人，尤其是一个不熟悉的人，我觉得有点儿不好意思，再加上我也没有吃晚饭，于是我说，"正好，我也蛮喜欢吃鸭血粉丝的。"

但是，你的捷安特是没有后座的，于是，你只能下来一手推车，一手打着大黑伞，我们肩并肩走着。据说男女身高黄金比例是十二厘米的高度差，我瞥了一眼，我们之间的高度差好像也差不多十二厘米吧，于是偷偷笑了。

一路上，你有说有笑地跟我把学校附近所有的鸭血粉丝馆都描述了一遍，你说最近的一家，再走一会儿就到了，不过人太多了，等排到队了，早走到第二家了；但第二家的汤不够浓不好喝；第三家的鸭肝不好吃……末尾，你叹了一口气，"哎，我知道一家鸭血粉丝超级赞的，可惜太远了，骑车过去半个多小时，走路恐怕更久，可我的车又不能带人。"

"那带路啊，就当作徒步旅行好了。"

"好。"我听见你的声音坚定又高兴。

原来她们都说错了，当初的宋沐阳校草才没有降级成羊驼呢，你只是升级成骑行达人和美食家了。

你一定不知道，那真是我这辈子吃过的最好吃的鸭血粉丝了。

回来的路上，雨终于没再下了，你推着车，我帮你拿着大黑伞，还是肩并肩走着，依然有说有笑，有句酸溜溜的诗怎么说来着——与君初相识，犹如故人归。

走回学校时，路灯已经点亮了。雨后的香樟小路空气格外清新，昏黄的灯光朦胧成一首诗，校园广播里的歌声清晰地传来张震岳的一首老歌：总有些惊奇的际遇，比方说当我遇见你，你那双温柔剔透的眼睛，出现在我梦里……

你的小虎牙可爱又迷人，我真喜欢。

大雨过后，晴天大好。

你在QQ空间里发说说：这么好的天气不骑车出去兜兜风实在很对不起自己，九点半，学校大门口，不来见我、我就撤。

于是，我屁颠屁颠地就跑了过去，虽然你空间里的说说并没有@我。

还没近看，我就注意到你的捷安特竟然装上了后座，你没有像第一次那样手扶着把手，单脚支撑在地上，而是坐在了后座上，埋头把玩着你的"土豪金"，眉头似乎起了皱。

我假装是路过，傻笑着跟你打招呼，"嗨，宋沐阳，干吗呢？"

"等人呢。"你又看了一眼手机，"哎，都九点五十了。"

"怎么了？"我明知故问。

你没有回答我怎么了，只是问我对骑行感不感兴趣。我傻笑着点头，这么好的机会，我当然不会放过了。

"感兴趣的话，那就上车吧。"你的声音真好听。

二话不说就跳上了你的后座，我晃着两条腿，心里美美的，我在想你的后座一定是为我装的，于是故意说道，"怎么开窍了，知道装后座还是有好处的吧？"

你云淡风轻地说，"是的，那天遇见你后，发现有个后座还是很好的，起码以后既要当雷锋又要吃鸭血粉丝的时候，还能少走点儿路。"

谁也不知道，我那时候有多高兴，就算你装后座不全是为我，起码也有一丝是因为我的。我笑得好夸张好傻，傻到路人都停下了脚步来看我，但我才不管他们怎么看我，继续笑我的，直到你也停下来，回头看我，你说，"庄淼淼，你真是我见过笑得最傻的人，但是你的小虎牙可爱又迷人，我真喜欢。"

你说这话的时候，阳光大好，你温柔剔透的眼睛，让我感觉天空中顿时多了两个太阳。柔软的风吹过来，我陶醉了，说起了胡话，我说，"宋沐阳，你要是喜欢，送给你好了。"

"这个，也能送人，那我要是喜欢你呢？"那真是我听过最动人的情话，虽然你是带着戏谑的口气跟我说的。

我刚想说好啊好啊，你却转移了话题，"快看，天堑飞虹！"到南京长江大桥了。

你在江边停了下来，风很大，阳光很足，你看滚滚长江，我看你。

你说，"我去过很多地方，看过很多地方的山水，洱海的清波荡漾，泸沽湖的清澈见底，但，这些都比不上南京污浊的长江带给我的熟悉感，因为这里有我的生活，有我最亲爱的人。人们总说要逃离北上广，要去寻找世外桃源，可是真的到了世外桃源，还不是一样要生活，要柴米油盐，要遇见新的人，开始新的感情，要被欺骗和认清。逃离一处喧嚣也不过是为了找到新的热闹。"

你知不知道你面朝滚滚长江说这番话的时候，真像一个诗人，你指点江山，绝世而独立。

我仰着头迎着风看你，又不自觉地傻笑了。可是，当你说起以前，你和她就经常来这里的时候，我就不笑了。

然后，你走过来，低着头很认真地对我说，"庄淼淼，你真是我见过笑得最傻的人，我相信你，不会像这个世界一样骗我，还有，你的小虎牙真的很可爱，我很喜欢。不如我们在一起吧。"

我是真的很想很想把你带回家给他们看看的

我们就那样闪电般地在一起了。

众人唏嘘，包括我最衷心的宿友们也不看好。她们恳切地给我举例子说，瘦死的骆驼比马大，虽然你的脸是没以前好看了，但依旧有型，家境又好，你的深情款款自然会有别的女生来怜爱，还轮不到这么普通的我，而你的初恋又那么优秀……

我不信，依旧傻笑着，张开了怀抱，拥抱你。

你陪我一起上公共课，陪我一起去食堂吃饭，陪我去图书馆看书，甚至陪我去KFC做兼职，虽然你并不缺钱花。你的后座上从此多了我，你带着我走街串巷，骑过夫子庙，骑过长江大桥，后来，南京跑多了腻了，我们就一起攒钱，挤时间出去旅游，去哈尔滨踏雪，去青岛看海，去泰山登顶……

在云雾缭绕的泰山顶上，我问了你一个只要是女生都爱问的问题："你为什么会喜欢我？"

你的回答和第一次大相径庭，"因为你的小虎牙可爱又迷人，我很喜欢。"

"可是，这世界上有小虎牙的人多了去了，男的女的，你都要去喜欢吗？"我对你那个答案有点儿不满意。

"是呀，这世界上有小虎牙的人是多了去了。"你弯曲着食指轻轻碰了一下我的鼻子，"可是，有小虎牙的你却只有一个，笑得那么傻，不会欺骗我。"

我知道，我又开始夸张地大笑了，俯仰天地间，地动山摇，因为我当那是世界上最美的情话了。

我以为我会那样一直和你平淡又有趣地幸福下去。

一起吃饭、骑车、上课下课，一起攒钱、花钱、去旅游；然后，实习、毕业，再找一份适合的工作，买一个不大的房子，上班下班，一起抱怨生活又好好生活，闲暇的时候牵着手去看望各自的父母，更远的以后还会牵着我们可爱的孩子……

从泰山回来后，我们也该实习了。

我打了电话回家，妈妈本来是希望我回家的，她说女孩子家的，离家太远她始终不放心。爸爸也觉得，还是回家好，在小城找个工作，再找个差不多的对象就行了。

但是我顿了顿，紧张地说，妈妈我爱上一个男孩子了，是我们学校的，南京的，我也想留在南京，和他一起。我疑心我那时候的脸是红了，不然怎么会那么烫的。

妈妈咳嗽了两声，我知道她的老毛病又犯了。

几分钟后，妈妈终于叹了一口气，打趣地笑着说道，"唉，真是女大不中留啊。既然，是你喜欢的，那就好好在一起吧，有空带回家看看……"

我是真的很想很想把你带回家给他们看看的，哪怕你满脸痘痘我也不嫌弃，更何况，那时候你脸上的痘痘已近消得差不多了，脸也不那么黑了。

我疯狂地投简历，一个面试赶着一个面试，白天面试，晚上还揽了一份家教的活。因为我要赚钱，养活我自己，我家里虽然已经同意我留在南京和你在一起了，可是我害怕你家里会不同意我们呢。

你陪我坐地铁挤公交，去参加一场又一场的面试，晚上还准时准点地接我上下班，比专职司机还要称职。

那时候虽然很累，但很开心，尤其是晚上你去接我回来的时候，我靠在你宽厚的背上紧紧抱着你，路灯光像月光一样美，如果抬头还能看到满天星那就更美了。

她只用了一个微笑就抵过了曾经所有的过错

有一天晚上，在我们回来的路上，你的初恋程梦溪和她的英格兰小伙竟然在校门口吵架了，这可让我对英格兰人的绅士风度瞬间产生了怀疑。我听不懂他们在吵什么，因为他们说的全是英语，再想想我无比勉强才侥幸过的四级，暗自羞愧了。

你回头看了看我，我知道你想表达什么。

"去吧。"我淡定地说着，其实心里特别想你当作什么事都没有的，但是转念想了想，如果你真的对前任冷酷无情，那么你这样的人一定也是无情的。于是我又在心底把你美化成了一个多情的少年，尽管那多情是给别人的。

你跑过去，一把拉过程梦溪，决绝地往回走。还告诉她，谈恋爱要懂得保护好自己。甚至，你最后还请她去星巴克，我也没有生气。因为我相信你，宋沐阳，你是个洒脱的人，才不会执迷于一道坎而爬不出来的。

她喝了一口焦糖玛奇朵，笑着说，"谢谢，你还是那么好。"

你也笑了，比焦糖玛奇朵还甜，但没有说话。你看，她只用了一个微笑就抵过了曾经所有的过错，而我用了整颗心也抵不过她一个微笑。

她有两颗小虎牙，笑起来真可爱。长得美就是好，连小虎牙都美呆了。而我左边那颗所谓的小虎牙呢，其实不过是多出来的一颗牙齿而已。

我清楚地记得你对我说过"你的小虎牙可爱又迷人，我真喜欢"。原来不是我的小虎牙可爱又迷人，而是她的小虎牙可爱又迷人对不对？你只是在我这里找她的影子对不对？

好端端的二人世界，顿时成了三个人的戏，而我理所当然地成了配角。

我终于忍不住了，赌气离开了。

回到宿舍，默默地哭了，当替代品的感觉，真是比喉咙呛到了辣椒还要难受。最衷心的宿友们，一个接着一个过来骂我，"不聪明，不理智，你才是正牌，你不是挺坚强勇敢的吗……"

是的，我坚强我勇敢，我可以不顾路人眼光不要矜持，坚定地把我们的爱情喊出来，也可以孤身一人披荆斩棘只为留在你身边，可是，在我的披荆斩棘里，我不希望我只是一个替代品。

我赌气不理你，一个人坐地铁挤公交，继续一场又一场的面试，晚上做完家教也自己坐公交回来。

你在宿舍楼下等我，我偏不下来。于是你早早去了公交站台等，见到你，我连忙掉头走，你却从后面紧紧抱住了我，你跟我说，你以后再也不会惹我生气了，还骂我是个笨蛋，说有专职司机不用挤公交干什么，说着便把我拉上了后座。

可是，准备出发的时候，程梦溪一个电话，你就扔下了我，你说她生病了，在医院，你需要去看看她，你说你们没有什么，你们从小玩到大，即使做不成情侣，也可以做好朋友的，你说你希望我相信你。

我信啊，真的，我永远相信你。只是，我有点儿难过，因为我不知道我到底算什么？

如果你还是没法相信，真的没关系，我会安静地离去

不太好的心情终于被一个不错的实习岗位给冲淡了一点儿。我挂掉电话，是通知我去实习的，就在新街口，待遇还不错，心情骤好。

马上要步入职场了，才学会了穿高跟鞋，走路还不太利索，慢悠悠地走出图书馆，准备去吃午饭，却在楼梯口遇见了笑靥如花的程梦溪。

她正从楼梯下要走上来，看见我，仰着头笑着对我说，"庄淼

森，你应该收到实习通知了吧，那家公司是我爸的，你有什么要求，尽管跟我说好了。"她站在我下方，我却感觉到了她的高高在上，犹如一个骄傲的公主在给卑微的乞丐施舍。

我是应该感谢她的，更应该感谢你的，谢谢你们帮我找了这个工作。

我知道她没有坏心思，她也是个好姑娘，她想到我要那么大老远的一家公司一家公司地面试，而你也要那么辛苦地陪着我折腾，所以，她一句话就免去了我那么多的折腾。是应该感谢她的，我很客气地笑着跟她说了一声谢谢，因为我和你第一次遇见的时候，我那么唐突，笑得那么傻，你也还是礼貌性地回应了我。

她似乎对我简单的"谢谢"两个字，不太满意。拦住我，不让我走，像极了一个傲慢的孩子王——想跟谁玩的时候就跟谁玩，想玩什么玩具的时候，谁也不许抢。她说，"宋沐阳是我的，从来都是！"

"那是以前！"我听见我的声音，坚定而有信心，绕开她继续小心翼翼地往下走。

孩子王听见我的回答似乎很不高兴，于是拉扯着我，不让我走，想跟我争辩。

才学会穿高跟鞋的我，根本经不住她那样的拉扯，没踩稳，崴了一下，脚扭了，站在我下面的她却被我的惯性扑倒，跌下了楼梯，娇嫩的膝盖磕出了猩红的血……

过往的人都停下了脚步，不一会儿聚集而来，窃窃私语四起，更有好心的男生连忙跑过来帮忙，而你从人群中冲了出来，一把推开好心男，立马抱起她，直奔校医院。

没有人理会脚崴了的我，他们只是声声指责我，骂我心机重，报复心强，我不想说什么，脱了高跟鞋，赤着脚，一跛一崴地走回了宿舍。

后来，你找到我时，面无表情，你说："梦溪不过是小孩子气，你有什么不高兴的，你可以冲我发火的。"

你总是那么谦和，连生气都那么文雅。可是你知道吗？你这话真滑稽，就好像小时候小孩子打架一样，无论是什么原因，小的永远是无辜的，大的永远是错的。

我以为我们朝夕相处那么久，一定会和那些旁观者不一样的，可你的话，已经给出我评判了，我再解释也只是多余。

我什么也没说，安静地转身、离开，你也没有像上次在公交站台那样，从后面紧紧抱住我。于是，我们就那样错过了最后一次拥抱的机会。

骑你骑过的路，当作最后的怀念

就这样再也找不到拥抱的理由了吧。

你的妈妈，一个雍容华贵的知性女人，后来找到我，握着我的手，礼貌又温和地说，"梦梦不过是贪玩，她这次回到阳阳身边就不会离开了……"她隐约还说到了你们家族之间的事情，她说你和程梦溪就算没有感情，最后在一起也是必然的，她甚至承诺我想要什么尽管提，条件只有一个，那就是，我离开你……

我能理解一个妈妈说这番话的心情，真的，就像我妈妈说我离家太远不放心希望我回家工作一样，妈妈的出发点总是为子女好的。我能理解，她是爱你为你好的。

我什么也不想要，我亲爱的少年，我想要的是你完完全全爱我的心，我离开，只是因为，我的披荆斩棘，从一开始就只是替代。

毕业季分手季，原来我们最终也像大多数人一样没能逃过这个诅咒。

我决定去骑你骑过的路，就当作最后的怀念吧。

咬咬牙，花光了半学期兼职赚的钱，照着你那款山地车买了一辆。收拾收拾东西，重要的寄回家去，不重要的就扔了吧，我需要的是轻装上阵。

山地车真好骑啊，脚往踏板上一放，轻轻一蹬，你们依偎的背影就被我甩开了好远。抱歉，我其实是个小心眼儿，没办法亲口对你们说祝福，悄然离去是我的极限，因为我曾那么那么喜欢你，只好在心底默念，再见，宋沐阳，希望这一次她是真的爱你，不会再离开你了。

我以前不懂，你为什么那么爱骑行，原来并不是因为骑行的时候样子比较帅，而是因为，在路上的时候你可以想很多事情，比如你爱不爱我、我爱不爱你这样类似的问题；当然也可以不想很多事情，只是往前骑，往前骑……

我骑过那条香樟路，我在那里遇见了你。

我骑过南京长江大桥，你在那里对我说，不如我们在一起吧。

我骑过玄武湖，我在那里逼你喊，宋沐阳和庄淼淼要永远在一起……

但永远真像一个遥远的梦，我的梦该醒了，梦醒之前我骑去了医院。

白衣大褂的牙科医生有点儿不解，"其实你多出这颗牙并不影响美观啊，相反还很漂亮，像颗小虎牙，不拔下来也没关系的。"

我笑了笑，"拔下来吧，它再好看也是多余的。"

闭上眼，真是疼啊，疼得我都不想睁开眼了。

疼过以后。我把那颗牙齿消毒处理了一下，收藏了起来，又找人做了一个琥珀，那颗你曾夸过可爱又迷人的小虎牙就埋在里面，再穿一根红绳，真像一条漂亮的项链。我把它挂在脖子上，去哪里都戴着，独此一块。

我要把它一直戴着，因为毕竟，这是你喜欢我的开始。

别人都问我，这哪里好看了。

我只是笑笑，不懂的人当然看不出好看来了。

我一路往前骑，往前骑，就像你当初一路骑行去西藏一样，决绝而坚定，不同的是你去朝圣，我回家。

不知怎的，就记起了曾经和你去电影院看过的一部电影《志明和

《春娇》，两个对爱情不够坚定的人，真的不是什么善男信女，也是我鄙夷的对象，对爱情那么不坚定。可是最后春娇的那段话，却深深地打动了我：我被你影响得连自己被影响都没发现，我好想摆脱你张志明，才发现我自己已经变成另一个张志明。

我好像也变成了另一个宋沐阳了，温和又洒脱。

你看，生活还是厚待我的

我回家了，在你不知道的一个小城的一角。哦，忘了说了，我家是开豆腐坊的，卖的都是上好的、很嫩很嫩的豆腐。

起初爸爸妈妈都是不同意我在家帮忙的，他们希望我在小城找份轻松的工作，然后找个差不多的对象就行了。

我挽起袖子接过妈妈手中的工具，扶她坐下，她又开始剧烈地咳嗽了，我轻轻拍着她的背，还不忘数落，"看吧，又咳起来了，还不让我来！"

她没话说了，只好同意我暂时在家帮忙了。

你看，生活还是厚待我的，我在南京没有找到一份配得上你的工作，回家，我打着大学生创业的招牌，家里卖豆腐的生意一下子超级好了，人送外号"豆腐西施"，疯传网络。我每天早睡早起、饮食规律、乐呵呵地递给顾客豆腐，小钞票大把大把地狂进口袋。

很久，我都不再想起你了，我想我就快要忘记你了，就快要记不清你的笑容和明亮的眼了，这样真好，这样，我以后被妈妈拖去相亲的时候，就不会看对方，怎么看怎么别扭了。

只是每天收完摊后，我都习惯性地骑着那辆和你一样的自行车，骑很远很远，去小城最美的河边，在小桥上停留一会儿，有时候是看夕阳，有时候看流水，有时候什么都不看，然后又骑回家去，就这样任由风吹过耳垂，像是听着谁的低吟浅唱。

小城的小桥没有南京长江大桥那么多的人来人往，没有人管你是机动车道还是非机动车道，我想怎么骑就怎么骑。但是有一天，在大桥中间，有一辆跟我同款的黑色捷安特，挡住了我的去路。依旧是简洁的白色T恤，蓝色牛仔裤，单脚支在地上，笑盈盈的，仿佛天边的云彩，好看极了。

"嗨，很高兴遇见你。"

"也很高兴，遇见你。"我说着，又傻傻地笑了，眼角莫名有泪。

有各种理由足以让我们分开，但在一起的理由却只有一个，那就是，我爱的你其实也正好爱我。

你看，生活还是厚待我的，我知道我又开始傻笑了。

海鸟吻过大海与天空

木子李

1

我和豌豆喜欢上了同一个男生,他叫慕白。

这也邪门了!在我印象里,从小,豌豆和我的品位就大相径庭。比如,我喜欢海蓝色,因此,我希望未来的房子,有一扇窗,打开它就能看见大海。而豌豆,喜欢火红色,她说她要在庭院里种上一棵石榴树,她就能看到火红火红的石榴花。

不仅仅是在未来的蓝图上,我们没有共识。从吃的,穿的,甚至玩的,我们从来没有发生过争执,我们之间有的只是分享,关系好得连我们家的那只狗都羡慕。

但慕白,要怎么拿来分享?

这可愁坏了豌豆,她拍着脑瓜苦恼对我说:"喜宝,一三五,慕白属于你,二四六,慕白归我。你看,如何?"

这得多伟大的友谊,才能生就豌豆这伟大的想法!

我差点儿豪壮地拍着她的膀子,告诉她,豌豆,我不同你争慕白了!以后,我甘愿做个黑面瞎子,无视你们的花前月下!必要时,我还可以在慕白负了你的时候,借你肩膀用一下!怎么样,感动吧?哈哈哈!

就在我正天马行空地想象着这幅感动的画面时，小短腿陆小七突然跑过来了，"喜宝喜宝，慕白来了！"我一听她这么说，方才那无私的念头立马抛在脑后。

我和豌豆神速掏出小镜子，整理头发，整理衣领，整理慌张骚乱的心情。

慕白走向我们的时候，我、豌豆、陆小七三个人站在一棵大树下，各种搔首弄姿。但慕白同学连看都没看我们一眼，就被一群男生嘻嘻哈哈地推搡而过。

我们的表情在烈阳下顿时僵掉。

当然，这仅仅是个开始。作为一名优质的田径选手，慕白同学已经换上了比赛服，他站在场地上，伸拳抬腿，做热身运动。他的短裤包着紧实的大腿，看得豌豆一阵春心荡漾，她一边激动地掐着我的大腿，一边说："喜宝，慕白的大腿好性感哦。"

我痛苦地扭曲了一下，就在我想按住她胡作非为的魔爪的时候，陆小七一搭手，拧在了我的另一条腿上，"哎呀，快看快看！我哥也在！"

陆柏原朝着我们挥了一下手，豌豆和陆小七顿时起身欢呼着回应。

我坐在那里默默地泪流，在我的大腿经受了摧残之后，这两个人起身欢呼的那一刹那，又一人踩了我一脚！原来，观众席也是要看风水的……

过了一会儿，所有的预赛选手都站在了起跑线上。

场上欢呼声，震耳欲聋。一声枪响，所有的选手冲破起跑线，向着终点跑去。我、豌豆和陆小七紧张地把手握成一团。

我和豌豆呐喊着，"慕白第一！慕白第一！"

陆小七呐喊着，"我哥第一！我哥第一！"

我和豌豆一听，立马将陆小七开除，接着我们两个人抱成一团，扯着嗓子为慕白加油。旁边三三两两的女生转过头来，眼睛里暗箭乱飞，我和豌豆的胳膊在空中做舒展运动，很有节奏感地误伤那些嫌弃的眼神……

慕白和陆柏原，顺利通过了预赛。临近决赛，忽然不见了慕白的身影。

直到我们三个人冲下台才得知，慕白突发急性肠胃炎。整个人正躺在后台气若游丝，大家要送他去医务室打盐水，他死活不肯，他说这次比赛对他来说至关重要，前三名可以代表学校去参加省里的田径赛。

这可把我和豌豆急坏了。慕白现在甭说参加比赛，就算是起身走路都艰难！陆小七像个没事人一样，在他哥旁边欢腾得像只海狗，小短腿活跃万分。

我和豌豆四目相对，彼此默契地微笑了一下，接着将陆小七架在了慕白面前。

2

陆小七虽然腿短，但绝对是个百米赛跑超人。

这一点，她和他哥一样，都拥有良好的体育基因。况且，陆小七留着假小子头，"飞机场"很好地掩饰了她作为女生的外在。当我和豌豆把陆小七架在慕白面前，说明来意的时候，慕白的脸色并没有好转。

他很怀疑陆小七的能力，并提出了质疑，"腿这么短……能行吗？"

本来陆小七很抗拒为慕白比赛，但一听慕白如此羞辱她，顿时拍案而起，"慕白，你就等着看看我怎么给你跑第一的吧！"

我和豌豆笑嘻嘻地眉来眼去，接着把慕白的号码布用大头针别在了陆小七的后背。

陆柏原怒指我们三个，"你们简直是胡来！"

"哎呀，柏原，你不是怕输给你妹妹吧？"豌豆用手肘碰碰他。

激将法相当成功，陆柏原看了我们三个人一眼，什么也没说，皱着浓眉拂袖而去。

观众席里，再次陷入沸腾。陆小七在那堆人高马大的少年面前，像只圆圆的考拉，但考拉的爆发力无穷。放眼望去，陆小七犹如脚踩风火轮的哪吒，闪电似的冲刺。就连陆柏原也被她甩在了身后，就在她以冠军的姿态要冲破终点站的时候，她忽然回头看了陆柏原一眼，就一眼，陆柏原刷地将她超越，取得了第一的名次。

事后，我和豌豆不停地对她进行教育和摧残。

"那么关键性的时刻，你怎么能疏忽呢？这要上战场打鬼子，你一回头，鬼子的刺刀就扎过来了！你命都没了！"豌豆越说越气，她非常惋惜陆小七没有得第一。

我也觉得惋惜，但我更觉得豌豆这个比喻有些过了。像现在这样和平的年代，不可能会发生战争，更何况就算发生战争，也轮不到陆小七这个女娃上战场，也许……在她眼里，她根本没有把陆小七当个女的……

我说："小七，你当初拍着肚皮跟人家吹你要跑第一的，这可怎么办？"

陆小七瞪着圆溜溜的眼睛，一点儿也不着急，"其实我是故意让给我哥的。在你们眼里，慕白比我哥重要。但在我眼里，我哥比慕白重要。"

我和豌豆一听，倒有些不好意思。

是的，陆小七她不喜欢慕白，比起血浓于水的哥哥，她怎么可能将第一拱手让给别人。

但是第二的名次，于慕白来说也是一个惊喜。至少，他可以代表校参加决赛。病愈后，他对陆小七表示了深深的谢意，听得我和豌豆心里酸酸的。他说："小七，你帮了我这么大的一个忙，我请你吃顿饭吧？"

我和豌豆两个人拼命地朝陆小七挤巴眼，陆小七勉为其难地点点头，"那我可不可以带上她们两个？"她的手指向了我们这边。

慕白这才看了我和豌豆一眼，也勉为其难地点了点头，"好吧。"

他这态度和语气，让我和豌豆挺窝火，陆小七是帮了慕白，但当初我和豌豆可是起了决定性的作用，这么说吧，慕白就是一辆车子，路途中车胎突然爆了，是我和豌豆找了个备胎给换上的，我们吃顿饭怎么了？

我们不仅要吃饭，我们还要吃穷他！

3

慕白订好饭馆那一天，我和豌豆打扮得美美的，站在陆小七家的门口等她。

等了好久，陆小七也没有出来。最后，陆柏原出来传话，"小七今天身体不舒服，她让我告诉你们一声，她不去了。"

我和豌豆听罢，差点儿抱团欢呼。没有了陆小七，今儿个，我和豌豆就是主角！

想到这里，我和豌豆压住了内心的喜悦，豌豆遗憾地说："唉，真不凑巧，那你让小七在家里好好休息吧。"说着，拉着我的手美美地要离开。

陆柏原的另一只手忽然搭在我的肩头，他眼中桃色满溢，"唉，真不凑巧，小妹让我代她前往赴约。"

好似一个晴天霹雳，我和豌豆站在原地，心里有一千头羊驼在狂奔。

我很能理解慕白看到我们三位时，那种云里雾里的神情。我们今天这个组合太奇怪了，甭管我们三个和小七有着多么亲密的关系，但在慕白眼里，他面前站的就是路人甲、乙、丙……

这辈子也没吃过这么尴尬的饭，就连豌豆这种能热场子的人，也屡次张嘴又闭嘴。

慕白跟我们闲聊了几句之后，突然接了个电话，接着他满脸歉意地告诉我们他有点儿急事得先走了。他走后，豌豆气愤地把筷子一丢，也走了。我和陆柏原围着那张小饭桌，看着一桌子未动的饭菜，心里顿生可惜。

"来，喜宝，咱俩喝。"陆柏原起身将啤酒给我满上。

兴许是这扫兴的心情，兴许是这热燥的晚风，应了情应了景，酒喝得特别畅快。

那天晚上，我和陆柏原两个人就像古时为好友践行似的，我敬你一杯，你敬我一杯……回去的路上，陆柏原的脸一直阴沉不定，他突然转脸看向我，吓得我身子登时后倾。

"喜宝，今晚不是慕白请客的吗？"

"是啊！他请客。"

"那个小子没结账就跑了！"陆柏原的眼睛起了重重的杀气。

遥想当初我和豌豆一心想吃穷了慕白，没想到，却吃穷了陆柏原……陆柏原此时此刻瞪着眼睛，把我盯得死死的，他不会是想打家劫舍吧？我紧张得尿意一下子涌来，我捂住肚子，痛苦地嘤咛出声，"好哥哥，我想上厕所……"

陆柏原秒瞪了我一眼，暂时放下个人恩怨，抓起我的手向他家里飞奔。我像只海狸鼠迅速跳走进了厕所，正在我舒畅不已时，一道黑色的人影从我面前一闪而过，越到墙外去。

我心里一个咯噔，提上裤子就跑出去喊，"陆柏原，你家里来贼了！"

当日晚上，陆柏原的家里乱成一锅粥，他们每个人都清点了自己的家当，最后，什么东西都没少。就在大家舒口气的时候，陆小七话锋指向了我，"喜宝，是你眼花了吧？经常有邻居家的猫从我们家的墙上翻来翻去，你肯定搞错了！"

就算我眼花了，也不是瞎了！猫和人能是一个概念吗？

我很想辩驳些什么，但看着陆小七一家人疲倦厌烦的样子，我只能讪讪地离开。

走出门外，陆柏原吱呀一声把大门关上，将我隔绝在了门外。我看着黑黑的夜色，再回想起墙上的人影，脑子里开始不停地产生可怕的幻觉。

突然，某处传来一声缥缈虚无的声音，"喜宝……喜宝……"

我像只夺了毛的猫，抱头鼠窜往家跑。

4

我跟豌豆说我见鬼了。

晨曦里，豌豆站在走廊上对我上下打量了一番，然后指指我那差点儿垂到人中的眼袋，十分肯定地对我说："我看你是梦游了！"

我绝望地闭上眼，好想拿一把剑自刎。

他们每一个人都不信我，陆柏原说我是被尿憋出的幻觉，陆小七认定我是眼花了，豌豆她肯定我是梦游了，我真的真的看见了一个人（或者鬼），而且还叫了我的名字啊！

豌豆根本不理会我的抓狂，她心心念的都是慕白，她说慕白今天没来上课。我用余光瞄她，"一日不见如隔三秋，我看慕白要是一个星期不来，你是不是都要削发为尼了？"

豌豆一脚轻踹在我屁股上，笑闹着揶揄回我，"一条绳上的蚂蚱，别装大马蜂啊！"

我不甘示弱地踹回来，但心里并不生气。晨曦的阳光洒在我们身上，合欢树的花香在走廊里四溢，我们嬉笑打骂，却忽略了背后那张充满怒意的面孔，她躲在柱子后面，看着我们的亲昵无间，眼睛被阳光反射出来一团红火。

在后来的几天里，慕白一直都没有来上课。

豌豆骂我是乌鸦嘴，我的脑海忽然闪现另一个念头，"慕白不是转学了吧？"

"不可能！他还要代表咱们学校参加百米赛跑的，他不可能在这个节骨眼上转学！"

我一听豌豆的分析，更懊恼了，"那你说，他到底干吗去了？"

豌豆突然不说话了，她的目光落向了远处，我顺着她的目光望去，看到了慕白，他从清风里走来，穿着一件蔚蓝色的T恤，嘴角还带着清浅的笑。忽地想起，我和豌豆初次遇见他时，就是被他清秀的面貌和干净的气质吸引。

比起初见，唯一不同的是，慕白的身边多了一个女伴，好在那个女孩是陆小七。

他们在树下谈笑风生，好一幅诗情写意的画面。我和豌豆只恨，当日替他赛跑的不是我们两个，不然，此刻如此融洽的谈笑就属于我们，哪能轮到陆小七这个平胸小短腿。

空闲时，豌豆伺机逮到陆小七，问道，"小七，你现在和慕白走得挺近的嘛？"

"还行吧。"小七一脸淡漠。

豌豆笑得像只黄鼠狼，开始给小七这只鸡拜年，"唉，你知道我和喜宝都挺喜欢慕白的，你看自家人一家亲，你得帮我们啊。"

"怎么帮？"又是不痛不痒的回答。

恍惚间，小七已不是小七，她的语气那么骄傲，她的眼神那么不屑，甚至，她那小短腿此刻看起来都像是踩在云端里，居高临下地望着我们。

可是豌豆丝毫没有察觉，她一边说一边兴奋地比画着她的预谋，小七的表情简直就是在拿鼻孔听她讲话。

我感觉陆小七这只鸡分明就不想上豌豆这只黄鼠狼的当。

5

根据豌豆的指示，陆小七刻意潜伏在慕白身边，打听他所有的喜好。

最后，她带来的情报只有一点，"慕白喜欢听宇多田光的CD。他一般都在网上下载听，如果你们谁能搞到宇多田光专辑的话，我想他一定会很高兴的。"

我和豌豆不谋而合地击掌，放学后，我们像马蜂般一头扎进了音像店。

我们把整个店里的CD都翻遍了也没找到，我们一直换音像店，豌豆急了，舌头都开始打结，"老板，有没有、那个、宇什么光？"

"是宇多田光，唱《first love》的那个。"

我一边说，一边哼起来。哼着哼着，我才发现在几年前我对这个日本天后级的歌手早已熟悉无比，因为陆柏原早在初中的时候，就天天放着她的CD，最后，他还把这个CD送给了我，我因为对日语不通，又本着爱国主义的精神抵制日货，我把压了箱底。

豌豆听完我这久远的回忆，一巴掌拍我后背上，狂笑起来。"踏破铁鞋无觅处，得来全不费工夫"讲的就是她此时此刻的心情。

CD是找到了，可是由谁去送呢？

我和豌豆再次陷入艰难的选择之中，从一开始我们根本就没有做好让步或者共享。

最后，我和豌豆挽臂，决心一同前往。

按照计划，豌豆去给慕白送信，我站在学校最隐秘也最美丽的那片白桦树下等他的到来，可是事与愿违，我在那片白桦林里，看见了陆小七和慕白。他们在拥吻，慕白很高，小七很矮，他低着头紧紧地拥着她，吻得那么认真。

风声从我的耳边擦过，树叶间漏下细碎的光，在我的眼睛里跳动，又热又烫。

我没有生气，只是很惊讶，惊讶到忘了避一避，直到被气喘吁吁跑来的豌豆给惊醒，她一脸沮丧地要说些什么话，却被我眼中闪闪的东西给噎住了喉咙。

"喜宝，你这是怎么啦？"

我不说话，视线帮我回答了她。

豌豆看到了陆小七和慕白，当时就跳了起来，"好哇！我说我怎么找不到慕白，原来被陆小七这个贱人给勾搭走了！"

那天下午，豌豆抓着陆小七一遍遍地问她为什么要这样，她太愤怒，太意外，小七在她的桎梏之下变得柔弱万分，豌豆松手的瞬间，小七伏地而下，手肘擦破了皮。而慕白，那个温文儒雅的少年，他把小七拉起来护在怀里，接着扬起了手，狠狠地扇了豌豆一巴掌。

豌豆愣在了原地，她不明白小七为何用苦肉计陷害她于不义，她看着慕白，眼泪掉下来，我几乎能听见她心里难过的声音，"喜宝，他居然打了我……"

我扑过去，对着慕白发疯似的拳脚相向。

"谁让你打豌豆的！你知不知道豌豆喜欢你！为了找到你喜欢的宇多田光的CD，她围着这座城市的音响店，差点儿跑断了腿！你还有没有良心？"

豌豆抽噎着抓住我苦苦地哀求，"喜宝，别说了，别、说了……"

鼻涕眼泪在我脸上横飞，我此刻的样子肯定特别丑陋，但是，我已经不需要什么形象了，在方才一瞬间，慕白打豌豆的一瞬间，慕白在我心里已经死了。

我紧紧地抓着豌豆的手，要离开，陆小七的声音忽然响起。

"喜宝，别把自己撇得这么干净，你不是也喜欢慕白吗？趁着这机会，你怎么不告诉他？你告诉他呀，没准，我大公无私，可以拱手相让呢。"

豌豆的手紧紧地抓住了我的手背，心里的怒意再次被燃起，如果不是我使劲地抓住她，她肯定会和小七打一架。如果当时我肯回头看看，我一定会万分同情慕白。

他脸上浮现出对小七那种惊讶、气愤，好似我和豌豆一样，都受到了深深的欺骗。

6

陆柏原听说了这件事之后，抓着陆小七来向我们负荆请罪。

豌豆还陷在对小七的背叛里气愤得要死，说起话来还是针针带刺，"陆柏原，我真没想到，千防万防，家贼难防！"

陆柏原一听，让小七赶紧道歉，小七昂着头，态度很强硬，陆柏原气极挥起手要扇小七，我连忙拉住他，劝道，"柏原，你冷静点儿，爱情这件事你情我愿，既然小七和慕白情投意合，我们替她高兴，我们生气的是为什么她要背着我们这么做。"

小七听罢，冷哼笑道："喜宝，你还真想错了，我根本不喜欢慕白！从小到大，你和豌豆就无视我，动辄还叫我小短腿。你们唯一搭理我的机会，就是利用我的时候，从小时候抄作业，到现在追喜欢的人，你们有哪样不是拉着我去挨枪子，可你们在一起嬉戏玩耍的时候，哪一次又带着我？你们自认为比我漂亮，比我优越，可是慕白为什么不喜欢你们，却喜欢上了我？因为你们一样是自私阴暗的人，比我光明不到哪里去！"

我和豌豆都愣了，我们没想到小七会说出这样的一番话。

此刻的小七已经像个孩子泣不成声，陆柏原扬起的手慢慢地垂了下去，眼里生出对小七的疼惜。我和豌豆两个人也低着头，反省着过去对小七种种的欺负。小七说的没错，我们太自私了，真的不配拥有爱。

陆柏原给小七擦干了眼泪，把所有的罪过揽到自己身上去，"小七，是哥哥不好，平日里忽略了你……"

小七甩开了他，声音比方才更要尖锐，她直呼陆柏原的姓名，

"陆柏原！你也好不到哪里去，你天天晚上鼓捣你那破笔记，你别以为我不知道里面都写了什么！你喜欢喜宝那么多年，你怎么不告诉她？跟个缩头乌龟似的，你还是不是个男人！"

陆柏原先是一愣，而后脸色阴沉了下来。

过了半晌，他冷静地牵起了小七的手，"小七，我是不够勇敢，但是，如果有一天，谁让我的妹妹哭了，我一定第一个跳出来揍他！"

小七的嘴酸酸地咧开了，她抱着陆柏原的胳膊号啕大哭，"哥！"

我站在那里，心里又酸胀又复杂。我没脸安慰小七，也不敢再看柏原，只是朝夕的工夫，因为这些秘密被拉扯出来，我愧对了他们每一个人。

那个下午，小七和陆柏原走后，我和豌豆两个人坐在大树下想了很久。最后，豌豆起身拍拍大腿根子，对我说："喜宝，我觉得我有罪。我思来想去还是觉得小七最重要的，一个人伤害你的程度跟她在乎你的程度是成正比的，所以，我一点儿不怨恨小七。关于慕白，就那样吧。"说完，她走了。

有热风从大树间涌来，豌豆的裙子，像天边的太阳，明灿灿的飘在了十七岁的夏季。

"就那样吧。"我的耳旁一直回旋着这句话。

有时候，强颜欢笑的那个人，才是最舍得往自己心口捅刀子的人，昔日那么努力地靠近，如今变成一句无奈又心酸的"就那样吧"。

我亲爱的豌豆，她现在一定在捂着鲜血淋淋的胸口哭。

7

临近高考前，陆柏原和慕白作为体育生，先进行了省里加考。

考试那天，陆柏原因为身体不适耽搁了考试，慕白顺利通过考试，并取消笔试，直接保送上大学，这让很多埋头苦读的学生羡慕不已。回来的时候，学校门口挤满了学生，我在人群里，一直静静地看着他，突然一阵乱拥，慕白被挤到了我面前。

"恭、恭喜你啊。"站在他面前，我还是一如当初的紧张。

慕白笑了笑，什么也没说。他看起来并没有多高兴，他找了个花坛坐下，和我说起了以往的事。

他说起他的家境不好，学习也不怎么上进，才拼命地用一技之长夺得这个保送的名额。说起小七，他长长地叹口气，你们不要恨她，是我先喜欢她的。

遥想当日，我在陆柏原家的厕所遇鬼事件根本不是妄谈。那个从墙上离开的身影正是慕白，那日，慕白假装接了一个电话说有急事要离开，其实是偷偷去看小七，没想到我中途憋尿，回家回得这么早，才导致他措手不及，翻墙离开。只是墙有点儿高，他摔伤了脚腕，躲在墙下痛喘，当他喊我名字的时候，我由于惊吓过度，直接逃跑。

因为脚伤，他休养了一个星期，在这一个星期里都是陆小七在照顾他，久而久之，他对陆小七便生出爱慕之情，两人很自然地走到了一起。这就是后来我和豌豆为什么会看到那样的画面。

慕白讲到这里，眼睛有些红，他说："只是没想到，小七居然从没喜欢过我，只是在利用我。"

我哑然，完全不知道讲些什么安慰他，只好离开。

其实，我心里一直有个声音在告诉我，小七不是那样的人。我一个人默默地走到了操场上，操场上传来嘭嘭嘭的球声，咣当，一阵眩晕，我被飞来的球砸中了脑袋。

"喜宝，你这失魂落魄的样是遭抢劫啦？"陆柏原抱着球站在我面前。

我看见他生龙活虎的模样，想起什么连忙问："你不是生病了吗？怎么还打球？你居然不去参加体育考试！"

陆柏原露出一排牙齿笑，"哦，我又好了。"

"你骗人！"我直接吼了回去。

"嗯，喜宝，我唯一骗过你的事情就是，我喜欢你。"

汗水从他的脸颊流下来，嘭嘭嘭，他不等我回答，又运球到篮筐下，一个漂亮的身姿，来了个大灌篮。接着很臭屁地朝我回眸一笑。

我的眼泪掉了出来，那一瞬间，我觉得很对不起他。

后来，我从豌豆口中得知，陆柏原是因为小七才没有去参加比赛，因为他知道他一旦出马，他就是慕白最强劲的对手，但是慕白曾经因为探望小七而患过脚伤，这是一场不公平的比赛，所以，她乞求哥哥手下留情，因为这场比赛对慕白来说很重要，关乎他的未来。但是她没想到陆柏原直接放弃了比赛。

豌豆说："喜宝，小七骗了咱俩，她根本就是喜欢慕白的，要不然哪个傻子肯耽误自己哥哥的大好前程？"

而慕白呢？他一直以为小七不喜欢他，当初只是利用他。这对小七对他都是多么的不公平！想到这里，我没有回答豌豆的话，拔腿就跑。

豌豆也跟在我的身后跑，她一边跑一边喊："喜宝，你要冷静冷静！"

她肯定误以为我还没放下慕白，去找小七算账的，我把豌豆的声音远远地甩在身后，只是用力地向前跑，树在我眼底飞快地倒退，直到那个少年的身影出现。

我站在那里，气喘吁吁地大声喊他，"慕白！小七是喜欢你的！我保证！"

我朝天举起三根手指头，目光虔诚郑重。

"我也保证！"追上来的豌豆，一手扶着我的肩，一手也郑重地举起三根手指头。

慕白慢慢转过身，目光定定地望着我和豌豆。风吹开了他额头的发，有晶莹的东西从他眼睛里掉了出来，他说："谢谢你，喜宝。"

很久很久以前，我一直在等慕白对我说一句话，我喜欢你。直至今日，我才发现，我等到了一句比我喜欢你更欣喜的话，那就是谢谢你。

谢谢你，用你的保证把我从暗黑的时光里拉了出来。

8

后来，我、豌豆、陆柏原考上了一个不入流的大专。

而小七，一向成绩平平的她考进了慕白的大学，再后来，小七和慕白重新走到了一起，我们都知道，那是小七努力的结果，我们没有羡慕，只有祝福。

但是，不管小七多爱慕白，我知道，在她心里一直有个很重要的位置是留给我们的。

就像最近的一次，我们三个女生站在海边，海风呼呼地刮过我们每个人的耳旁，豌豆突然转头问我，"喜宝，你还记得我们未来的蓝图吗？"

"当然啦！"我把手拢成喇叭状，朝着大海大声地呼喊："我希望未来的房子要有一扇窗，打开它就能看见大海！"

"我要在庭院里种上一棵石榴树，秋天，我就能看到火红火红的石榴花！"豌豆也学着我的样子朝着大海喊。

陆小七一直微笑地望着我们，乖顺温腻。我和豌豆齐声问她："小七，你呢？"

小七的目光移向了平静的海面，她沉思了一会儿，才轻轻地说："我希望以后我能挣好多好多的钱，买一个好大好大的房子，早上醒来就能看见喜宝和豌豆。"

风把小七的愿望，吹向了遥远的天际，吹进了我和豌豆柔软的心坎。小七站在夕阳的余晖里，就像寒夜里生起的一盏渔火，温暖又明亮。

那一刻。

我和豌豆四目相对的瞬间，眼睛像海，涨满了潮。

风中的格子围巾

马佳威

1

又是一年冬天，妈妈帮我整理旧物的时候，发现有一条红色的格子围巾安静地躺在箱子的最底层，这条围巾很是陈旧，红黑相间的格子上都泛起了毛球。妈妈把围巾举起来端详了好一会儿，然后问我要不要扔掉。我一把抢过来整整齐齐地折好，这是一条有特殊意义的围巾。那段青葱的岁月早已随着时光走远，那个女孩儿也早已消失在我的世界，闭上眼睛，一幕幕的往事又回到了我的眼前，我已经记不大清那张清澈的脸庞了，唯有记得一条红色格子围巾在寒风中飘飘扬扬。

2

那是在多年以前的12月初，我的生日如期而至。那天早上小夜在教室门口叫我的名字。她递给我一条红色格子围巾，然后抬起头朝我笑笑："嘿，今天是你生日吧，祝你生日快乐！"

说实话，小夜出现在教室门口着实把我吓了一跳。我和小夜的认识也实属偶然，不知怎么的，我加了她的QQ，我们都是人海里面的个体，倘若不是这个媒介，我们就像两条平行线，根本不会有机会相交。这个偌大的世界，真是神奇。

我惊讶地看着她说："你怎么会知道今天是我生日呀，可从来没有人送过我生日礼物，你是第一个。"

"等等，还有一个特别的惊喜。"说完，她又转身跑掉了。

我想，她真是个奇怪的家伙。几分钟后她又气喘吁吁地跑到教室门口，我向她指指戴好的围巾，她说："这围巾真适合你。"

这时候广播站播放对我的生日祝福，我这才明白小夜口中的惊喜是什么。我被眼前这个笑容灿烂的姑娘感动了，我的生活又被赋予了新的意义。所以，那天晚上，我失眠了。

3

我不知道该如何描述小夜。无论在长相还是打扮上她都极为普通，个子也小。掉进人海里面，也不能保证能够准确地把她拎出来。但她始终觉得自己不是普通人，这么一想，脑海里的确装着她的一件极不普通的事儿。

我也忘记那是什么时候了。三年前？或许更久。

在去学校的路上，一辆塞满人的公交车，每一站还有人蜂拥上来。我被挤在人群里面，前胸贴后背。"啊！我的包。"我突然听到人群里面有人呼喊。这时候我才看清有个穿棕色衣服的男人偷了包顺势从公交车上滑下去了。

按理说，碰上这种事情，也只好自认倒霉，不过这时候，有个矮个的女孩儿挣脱人群冲了下去，两只手死死地拽住小偷，"小偷就是他，就是他。"小偷露出了愤怒的表情，两个人撕扯着，女孩儿却自始至终都不撒手，最后在周围群众的帮助下把小偷被制服了。

最后我才发现这个矮个子女孩儿竟是小夜，心里不禁暗想：真是个厉害的姑娘啊。

我所就读的学校属于贫困地带，附近除了几条臭水沟并没有像样的店铺，路面也极为破烂。我几次想问小夜这条红色格子围巾是哪里买来的，小夜都会神秘一笑，然后告诉我这是外国进口的，这里买不到。我便没有继续追问她。在那个寒冷的冬天，这条围巾也被我粗暴地绑在了脖子上，每次好事的室友拷问我是哪家姑娘送给我的定情之物，我都含混其词，言顾其他。

那时候我们要每天晨跑，于是在寒风凛冽的冬天，我们毫无章法地跑在操场上。那段时间里，我总是遥想自己的将来，不过眼下正有一堵看不见摸不着的墙挡住了我们的去路，那就是高考。

每次跑步的时候，小夜的班级都会跑在我们班前面，我总能看见她矮小的身影，长长的马尾辫在跑步的时候一抖一抖的，缓慢而有节奏。

我记得有个寒冷的夜晚，晚自习结束，我跟小夜去操场散步，那时候操场上满是闲逛的人，我和她就这样一直走着走着，谁也没有说话，真愿意这样走到地老天荒。我抬起头看见夜幕里闪烁着几颗星星，其中有一颗异常的明亮。

我说："我们现在看到的星星，它的光线到达我们的瞳孔，经过了几十亿年的穿越，也许现在这颗星星早已不复存在了。"

"我们的生命太渺小了，在历史的长河中只是沧海一粟。"

我转身看着她："就算我们相隔两地，以后也一定要常联系。"

当我们停下来的时候，操场上零零散散的人也回宿舍去了。我说："我们还要面对未知的未来，就像接下来的高考，我真怕考不好。"

小夜告诉我："你知道吗？我曾经在电视里看见过一只勇敢的田

鼠和一只比它大几十倍的野狼对峙。这只可怜弱小的田鼠被饥饿的野狼从雪地里刨出来。我能感受到它是多么害怕，多么无助，就像现在的我们一样。这只田鼠尽管知道自己没有了生存的可能，但是凭本能，它还是拼尽全力做出最后一搏。这是多么值得我们敬畏生命呀！"

"我只愿神能够庇佑我们，圣母玛利亚，耶稣，上帝，孙悟空，阿门。"我虔诚地对着天空祷告。

"神经病！"小夜笑着说，"愿神庇佑你这个无知的人类。"

5

高考终于落下帷幕，那些神并没有庇佑我，也没有保佑小夜。最终她做出了一个让我震惊的决定。"我要去复读了。"那时候我刚收到了一个勉强算是大学的录取通知书，我也知道再多的安慰都无济于事，于是说："当一只小田鼠被逼入绝境的时候，就算失败了，也要让他们看到你对命运挣扎的勇气，把你逼急了可是能打倒小偷的呢！"

我乘南下的列车去学校报道时，小夜来送我。

"上了大学记得照顾好自己，找个温柔的女朋友，可不要忘记你的老朋友呀。"她抬起头对我笑着，就像春天里的迎春花那样烂漫。

"我不会忘记你的。"

列车带走了我，留下了这段美丽的青春岁月。一封写给小夜的信却被我攥在手里，怎么都没有勇气送出去。

时光就像一盏沙漏，不是轰轰烈烈，只是细水长流。后来我们渐渐地少了联系，我只听说小夜复读之后上了一所她期望的大学。

在后来的一个生日，我又收到了一条围巾。包裹里还有一封信：

嘿，你还好吗？现在的我很好。这是我送你的最后一条围巾了，不要问我为什么，你还记得高中的时候我送给你的那条围巾吗？以前你总是问我哪里买的，其实我也不知道哪里能够买得到，我想你飞过大洋彼岸你也买不到，你走遍世界还是买不到。那时候无数个夜晚，室友都笑着问我是给谁织围巾呢，我都装傻回避这个问题。你曾经告诉我，你从来没有收到过生日礼物，这么冷的天你都没有手套和围巾保暖。我希望未来你身边会有一个女孩儿替我做到那些我做不到的事情。愿神庇佑你这个无知的人类。

海鸟吻过大海与天空

我们一起唱过的歌

紫额烟雪

1

2012年的夏天，满大街的唱片店里，都漂浮着陈奕迅深情的嗓音：你会不会忽然地出现/在街角的咖啡店/我会带着笑脸/回首寒暄/和你坐着聊聊天……

三十七的酷暑，我把辛辛苦苦攒了几个月的零花钱，一口气扔在柜台上，抱走了我想要的陈奕迅的所有唱片，骄傲地一去不回头，我能想象店主当时不可思议的表情。

谁这么不长眼啊？我大叫一声，被撞个满怀，唱片哗啦啦地落了一地，就像我心碎的声音。我刚想挽起袖子，为我的唱片报仇，我打死你……还没说完，就撞上了他的目光，我瞬间就像泄了气的皮球，怎么是你啊？

怎么是你？他也睁大着眼睛，赶忙扶着我，一边道歉一边帮我捡起唱片。我心底虽一万个不乐意，脸上还是乐呵呵地说，没事、没事。谁让我曾经觉得他那么完美呢？

他扶了扶镜框，看得我莫名其妙，然后说一声，两年不见了，我请你，走吧！走？我恍然大悟，是去一家叫"暖春"的咖啡馆。第一次去的时候，就是他带我去的，那一次是因为我获得歌唱比赛的第一名。后来，我们就常常去那里，闲坐或者看会儿书，熟悉那里的一切就像对彼此的了解一样。

你拿着，这两年，你都死哪去了？我把唱片狠狠地扔给他，大摇大摆地走在了前面。

2

认识孟寒的时候，我读初一。

那是一个温柔的黄昏，夕阳一点点地收起属于它的光芒。我把头轻轻地靠在窗户上，正对窗外的小鸟在枝丫间活蹦乱跳羡慕不已。一个穿着格子衬衫的男孩儿闯进我们的教室，喘着粗气说，月荷！全班的目光一下子就集中到他的身上，他意识到气氛不对，轻轻地拍拍胸脯，很正式地说，李月荷，你晋级了。说完，一溜烟地就跑走了。

那是一个八卦和青涩的年龄。月荷？和我要好的同学一下子围了过来，老实交代，你和他什么关系？

我有些惊讶，想想刚刚冒失闯进我们教室的男孩子，不就是皮肤白点，长得好看点儿！至于像审判犯人一样围着我吗？我懒懒地甩个头，别逗了，我和他能有什么关系，我都不认识他。

少来，你可是天天看着他的文章，还念叨着要是能和才子见上一面就好了。死党一点儿不客气。我？我有些疑惑。

他就是孟寒啊！死党看着我无辜的眼神，相信我是坦白的。

孟寒？我脑子里的糨糊像是瞬间融开了。

每周，学校里都会发一期校报到班里传阅，大多数的时候，都只是我一个人在看。每一次，都会看到一个叫孟寒的名字，他的文字华丽，又有着青春期的忧伤。渐渐地，我就被他俘虏了。每一次，非他不看。

他就是孟寒？我有点儿不信，再一次向死党确认。

死党鄙视地点点头，还说，这一次的歌唱比赛，就是他负责的，他是文学社的社长，有名的大才子，你怎么会不认识呢？

刚刚还只以为是谁恶作剧，忽然就后悔没有好好地回答孟寒一次。我从课桌里，翻出那些陈旧的校刊，又一遍遍地看着孟寒的文字，像看到孟寒的人一般开心。那时候，少女的心思简单得就如看见一朵花开，就蓦然地喜欢了。

那以后，因为要排练，经常可以见到孟寒，我的心就会在见到他的一刻狂乱不止。时常，他都会在一旁告诉我们做怎样的姿势才合适，怎样唱又会显得深情，像极了一个专业老师。

比赛的日子，孟寒忽地说，谁获得冠军，我就请谁喝咖啡！他的话，如同初冬的一抹暖阳，点起每个女孩子脸上的红晕。那一刻，我仿佛看见我和孟寒坐在咖啡店里，面对面，说着温暖的话。那时，阳光正好。

"闭上眼看，十六岁的夕阳，美得像我们一样。边走边唱，天真浪漫勇敢，以为能走到远方，我们曾相爱，想到就心酸……"凭借林宥嘉的《心酸》，我如愿以偿地获得冠军。

不过，孟寒好像忘记他说过的话一般，并没有带我去咖啡馆。我恨极了他，应该说是伤心极了，我发誓我再也不要见到他。只是，在很久很久后的一天，他亲自送校刊到我们班，看到我，他好像想起什么，说了一句：我好像欠你一杯咖啡，晚上吧！

所有的怨怒都在他那句淡淡的话里烟消云散。那是我们第一次去"春暖"咖啡馆，我一杯卡布奇诺，他一杯摩卡，很久很久后，我们还是这样。

3

那年夏天，我和孟寒坐在小公园的荷塘边。

孟寒一脸忧郁地说，我要回到乡下去了。

我说，哦。

孟寒看看我，眼神迷茫而无助，他把眼光投向远方，喃喃地说：回去了，也许就不来了；也许，我们还会遇见。

我说，哦。

那天，我不知道我说了多少次"哦"，我唯一记住的只是孟寒要离开我了，也许就不回来了。我们才刚刚开始，青春就送给我们一个荒唐的结局。

于是，从初二开始，我的世界又回归到原本的沉寂，平平淡淡。每天，按时上课下课，写作业，一个人发呆。我不知道遇见一个人的概率是多少，但我却知道离开一个人是如此地轻而易举。我总觉得所有人都欺骗了我，我更加努力地学习，希望将来我可以出国，可以离开这里，逃离一个谎言的天空。

一直到后来，孟寒都没有告诉过我他的故乡在哪，他回去又做了些什么。可那时，就那样一个小小的倔强的理由，让我坚强无比。就连原本对我不冷不淡的老师也说，这孩子，将来会有出息。

那样的时光，我一个人走过，一走就是两年。它埋葬着我的所有悲喜。

4

这两年，你去了哪里？怎么回来了也不告诉我啊？两年后的重逢，我清清楚楚地知道我的焦急是为了什么，可我却不能克制自己。

我哪也没去，想回来陪你了，我不习惯没有你的生活，孟寒嬉笑着说。

我努力地挤出一丝笑容，孟寒总是让我捉摸不透，我不知道他现在回来了，什么时候又会离开，就像我一直都想不明白孟寒第一次离我而去是真的回乡下了还是什么。但是，只要看到孟寒，我就知道我这辈子就输给他了。

时光，仿佛就这样一直重复着，重复着相逢，重复着离别，重复着开始和结束。

每天，我们一起做习题，一起上下课，给彼此说晚安。在梧桐树下坐着的时候，孟寒也会哼唱着"我来到，你的城市，走过你来时的路。想象着，没我的日子，你是怎样的孤独？拿着你给的照片，熟悉的那条街，只是没了你的画面，我们回不到那天……"

后来的一天，孟寒突然宣布说，从此以后，我们不再唱《好久不见》，我们要唱《我怀念的》。我疑惑着看他，他话没说完，就哼起那柔情的旋律，我跟着他，唱着属于我们的精彩。

再后来的一天，孟寒说，我们也不要唱《我怀念的》了，我们只需要好好地过现在，就足够了。那一刻，我们眼神温柔地凝望彼此，笑了。

5

高中的日子，我们过得越来越像一个人，孟寒也变得越来越安静。渐渐地，只肯与我一个人说话，完全没了那些年的朝气与魅力，越来越像一个需要人照料的孩子。

"考上大学就好了。"我正在写作业，一旁的孟寒忽地对我说。我一愣，然后看着他，怎么会考不上大学呢，我们还要一起上大学呢。

孟寒像被什么触伤一般，紧紧抱住头，脸色惨白。我有些不明白，但我不知道说什么，我想着他那一句"考上大学就好了"，我怎么都想不明白，为什么考上大学就好了？

"孟寒，看，我们终于又可以去同一个学校了。"揭榜的那天，看到这样的结果，我像披上婚纱要嫁给心爱的人儿一样高兴，孟寒也掩饰不住他的兴奋，终于考上了。

那一天，我们在学校待了很久很久，一直到天黑，像是要感谢它给予了我们这样的恩赐。生活，如此不定却又美好。

6

开学的那天，孟寒还是穿着年少时的那件格子衬衫，牵着一个女孩儿的手，走到我的面前。女孩儿长发披肩，一身白色连衣裙，皮肤白皙得有些刺眼，和孟寒站在一起是那么般配。

孟寒满脸阳光地对我说，月荷，我不能陪你去读大学了。

我不看他，努力地忍住不让泪落下来，从孟寒牵着女孩儿的手走到我的眼前，我就预料到一个残酷的结局会在我的面前展开，我一下子变得如同当初要出国般坚强。

我愤怒地看着孟寒身边的女孩儿，女孩儿没有表情，只是紧紧地握住孟寒的手，紧靠他。

你要好好的，孟寒又说了一遍。说完，孟寒牵着女孩儿的手缓缓地走了，走成我生命里一道绝望的风景。

我站在原地，一个人傻傻地哭着……

7

一个人走了那么久，我还是不能忘记孟寒。

后来，听过去的一个同学说，孟寒消失的那两年，是真的回乡下去了。孟寒是一个孤儿，被一个拾荒的老头收养。老头有一个女儿，但因为有先天性智力障碍，再加之本就有些重男轻女的思想，所以就把孟寒当作宝，一直劳心劳苦地供孟寒读书。

那年，城里拆迁重建，老头连落脚的地方都没有了，自然也丢了工作，只好回去乡下，孟寒就这样也去了他陌生的故乡。不幸的是，一年后，老头因为长年的疾患，去世了，只留下一个需要人照顾的傻妹妹给孟寒。有人劝孟寒说，离开吧，放弃那个本不属于你的负累。孟寒不肯，他从心底里已经把女孩儿当作他的妹妹。

就这样，孟寒用他弱小的肩膀，承受着两个人的生活。再过一年，得到好心人地资助，重新回到学校，我们重新遇见。可孟寒早已下定决心，只是陪我考上大学，用三年的时光还我一段靓丽的青春。孟寒还一直牵挂着他的妹妹。

听后，我哭了，透彻心扉。

我终于明白，为什么孟寒听到五月天的《你不是真正的快乐》会那么紧张，也明白韶华里孟寒为什么变得越来越安静了，更明白为什么孟寒那么怕考不上大学了，他快撑不住了。可我，却对此一无所知。

孟寒真的消失在我的世界，再也回不来了。

每一天，我都对着镜子练习微笑，只是再也扬不起从前的弧度。梁静茹在歌里唱，"我的微笑都假了，灵魂像漂浮着，你在就好了……"是啊，你在就好了。

男神爱上了路人甲

　　有人说，这世上所有的坚持，都是因为热爱。

　　我无暇去考证这句话的真伪，可是我们却都像偏执的疯子一样，在坚持着自己心里的那份坚定不移的执着。就像是我对王力宏十年不变的狂热，就像是你对我锲而不舍的追求，当然，还有程亚丽对你的那份，整个七中无人不知无人不晓的执念。

最美的时光

洪夜宸

把一个人永远留住的办法，就是让他活在你心里

自王雨婷知道我和江宁这种暧昧不清的关系之后，每次提到江宁都是话里带刺儿，然后恨铁不成钢地冲我吐口水。"我呸！齐宸，这样扭扭捏捏优柔寡断可不是你的作风啊！我真的很想一口盐汽水喷死你！"

我低着头，死死抱着怀里那个空饼干盒，好像这样就能永远抱着江宁不放手。

这是圣诞节那天江宁送给我的，里面的饼干早已经被我和王雨婷乐呵呵地分完，可是很久之后那个盒子里仍然散发着一股沁人心脾的清香，如同夏天香草口味的冰激凌，我知道香草味是专属于江宁的味道。

我丢不掉他了，从他不知不觉地住进我心里开始，就再也丢不掉了。

他住进我的生命中

江宁家和我家只隔了一条马路。不记得从什么时候起，我习惯了每天放学背着书包在江宁班级门口等他。等他收拾好书包慢悠悠地从里面出来，和他结伴回家。那段说不出有多漫长的小路两个人走完竟变得无比匆忙，有时候我会觉得是这条路太短才害我和江宁相处的时间那么少。

在王雨婷逮着我质问之前，我一直没觉得和江宁的关系有什么不妥。我每天为他占座，帮他充饭卡，给他买围巾，送他薄荷糖；请他吃牛肉汤，陪他过圣诞，帮他抄英语笔记，替他改作文；他生病我甚至瞒着爸妈请假去看他，临走时反复叮嘱他吃药。

我始终认为这些都是理所应当的事儿，我本该为他做，并且成为我的习惯的事儿。

直到那天放学，王雨婷忍无可忍地把我拽住，"齐宸，江宁对你来说到底是什么！你喜欢他你就大胆地告诉他啊，你对他百依百顺像只小绵羊到底想怎么样！"

她说我喜欢江宁，用的是肯定句。我拼命摇头，"谁喜欢他啊我才不喜欢他，我们只是关系很好的朋友罢了。"其实这话说出来我自己都有些心虚，我对待王雨婷这个"中国好闺密"，只怕都没有对江宁千分之一上心。

王雨婷当即回我一个冷笑，自顾自地说："江宁就像是住进你生命中的人。不对，是你就像在为他而活。"

究竟有多么在乎他

回家以后我在脑了里把王雨婷的话翻来覆去想了一遍又一遍，江宁他对我来说，究竟是什么？我只知道自己想对他好该对他好，我不必思考就知道该为他做些什么，我对他百般依赖我对他无理取闹，可我就是不敢承认我喜欢他。

喜欢是个我不敢触碰的词儿。

我怎么也没有找出江宁的存在对于我的意义。我心里的声音告诉自己我是那么喜欢他，可是我还太幼稚，体会不出这到底是哪种喜欢，只想不顾一切地对他好。

江宁太过优秀，他的成绩就和他的个子一样拔尖，我在人群里一眼就能找到。至于帅气与否，我也说不上来，王雨婷说情人眼里出西施，江宁他再优秀对于她来说也不过是个不能再普通的普通人。

可是江宁他，算得上是我喜欢的人吗？

王雨婷不知道我和江宁的故事，自然也不清楚我迷恋他的原因。

那是个晴朗的冬天，我抱着长长的围巾站在江宁班级门口准备把它叠成几段塞进包里，正当我苦着脸默念着"不会系围巾又不是我的错"时，江宁出来了。他把手中的书包搁在一旁，温柔地把围巾套在我的脖子上，我羞得不敢看他的眉眼，只好盯着他羽绒服上的反光发呆，他打了个漂亮的结后看到我痴痴的样子，笑着说，"笨蛋，那是丁达尔效应。"后来这场景我也在《忽而今夏》中看到过，只是那个时候他认真的样子，他宠溺的表情深深埋在我的心里，成为我心底最柔软的回忆。

那种微妙的气氛和潜藏着的感动，不亲自体会是怎么也明白不了的。

那一刻，我觉得自己就是天底下最幸福的人。

江宁就是我的全部信仰

我想我终于弄清了对他的感觉。是的，我喜欢江宁。不管我有多么不想承认。

心底变得清明了反而更加胆小，总是在他面前装出一副安静淡然的模样，我怕一个不小心暴露那潮水般汹涌的感情，我怕他轻易地看出我的喜欢。

我开始忧心忡忡地想，如果他知道我喜欢他，是会开心地告诉我他也喜欢我还是淡然地说谢谢，或者干脆离我远远的。

我不敢想，更不敢让他知道这点儿喜欢，我怕会是第三种结果。

于是，在听到别人提起他的名字时，我面若平湖，哪怕心底早已经掀起了万丈狂澜。

江宁，江宁。

晚自习过后，我去找他吃宵夜，天空黑得像是刷了一层漆，只剩下昏暗的月亮挂在空中，星星闪着微乎其微的光芒。

江宁就坐在我的对面，有一搭没一搭地和我聊天，从打学生的变态老师到我们班上的超级学霸，大多都是我找话题，江宁他很认真地听着。

晚上风大，我紧了紧身上单薄的衣服，直到感觉温热的触感，好闻的青草香扑鼻而来，我知道那是江宁的味道。

身上披着江宁的外套，我开始不自然地绞手指，脑袋里胡思乱想着他的用意，闻着他的气息他的味道。

那个晚上，我从来没觉得江宁离我那么近，他就快要融入我的呼吸里。

电视剧《最美的时光》里，麻辣烫对苏蔓说，"蔓蔓，你看这大街上这么多与我们同类的雄性生物，高富帅有，矮丑挫也有，哪一个不比你那个篮球一号强。"

可是啊，当你喜欢一个人的时候，从来不是觉得他有多么优秀多么迷人多么高不可攀，你只是想要没有道理地喜欢他，不顾一切地喜欢他，你无法对别人说出他有多么好，只是除了他，你的眼里再也容不进一粒沙。

就好像在这个世界上，只有他才是你唯一的救赎。

我想我喜欢他，也就是件简单的事儿。

你们有没有在一起

平溪找上我的那天，是2014年的第一天，那是个星星很多的夜晚，我却一夜未眠。

她在零点零分时用元旦快乐作为开头，对我回忆起她和江宁美好的过去。

平溪是江宁的初恋，两个人青梅竹马，江宁很喜欢她，可不知道因为什么分开了。

平溪很直接地问我："你是不是和江宁在一起了？"我脑中一片空白，纠结着不知道该怎么回答。

我们，算是在一起了吗？可是自始至终江宁都没有对我说过一句喜欢。

我一字一顿地打下，"没有，你误会了。"按下发送键，手心里已经湿了一大片。

"那就好。"我清楚地感觉到那端的平溪舒了一口气，我甚至想象出她在那边对着屏幕微笑的样子。

平溪给我发了一段又一段话，那是她和江宁的回忆，我抱着膝盖静静看着屏幕，不曾给过一句回复。

我的眼睛把那些文字一一吞没，中途我也想过关掉对话框，可好奇心促使我一直看到最后。我发誓，点开对话框的那一刻，我从来没有那么希望自己是个瞎子。

最后平溪说，"齐宸我知道你在，你不理我我也知道你在看。如果你喜欢江宁你就勇敢一点儿向他表白，但是如果不喜欢，请你把他还给我，因为我从来没有停止喜欢他。"

我点下关闭，关了机。

我不知道，她怎么能够这么笃定，我在。

三叶的花开不出四叶的幸福

我决定不再理江宁了。那天过后，我再也没有在江宁班级门口等过他，连续三天过去，他也从来没来找过我，我在想他是忘了还是压根

110

不曾想过。正当我快要死心的时候，王雨婷告诉我，江宁病了，已经三天没来上课了。

我一面隐隐为他的身体担忧，一面又暗自庆幸，好在这几天不用再见到他，我还不知道该怎么面对他和他的过去。

我决定不再去看他。可是我满脑子都是江宁，他的温柔他的绅士他温暖的笑容，就连做数学题目也静不下心来。江宁看不到我有没有觉得奇怪？没有人叮嘱他吃药他会不会想我？他是不是也有些喜欢我？

"平溪来找你了是吗？她都跟你说什么了？"王雨婷刚进教室，就气急败坏地奔到我跟前，掐着我的脑袋说，"我说你最近怎么怪怪的！明明想江宁想得发疯，却一直躲着不敢去看他。齐宸我真想把你的脑子拆了看是不是塞满了糨糊，你为江宁做那么多我们谁不是看在眼里？就算不说江宁他自己也心知肚明！你怎么能因为平溪这个前女友就退缩了！你还是我认识的那个勇敢直爽的齐宸吗？"

我咬了咬牙，忘了去否认。江宁他对于我的喜欢，心知肚明吗？呵呵，我看到他会脸红会心跳加速，也许傻子都看出来了，只有我还得意地认为自己掩饰得很好。

王雨婷这次是真的生气了。她把我从座位上拉起来，"齐宸，你知道我为什么讨厌江宁吗？他把你变得唯唯诺诺不敢面对自我，很多东西明明你伸出手就能够碰到，可你偏偏不愿去碰，等到与它擦肩而过了才开始难过。我知道你怕什么，你不就是怕你比不上平溪，怕告诉江宁，他会再也不理你嘛！"

我闭上眼，听到王雨婷对我吼道："好，齐宸你是没平溪温柔没她漂亮没她人缘好，你傻不隆冬整天犯二还胆小脆弱，可是你这个人就是真实，我就是喜欢和你一起！而且江宁他，明明就是喜欢你的！"

感觉到她的背影离我越来越远，我埋头苦笑，可是王雨婷你不懂，那个女孩子比我想象的更在乎他，我不是觉得平溪比我漂亮比我优秀，只是那天她对我说自己和另一个男生在一起只是为了忘记江宁时，我好像体会到了她内心的挣扎。她对于过去，是那样难以释怀，江宁他，何尝不也是一样呢？

那是我无论如何也比不上的。

谁让我们都那么在乎他。我们都没办法那么快将他忘记。

被时光掩埋的秘密

江宁回班级上课了。

王雨婷铁着包公脸骂我，我知道她在担心。她说的一点儿没错，我在自虐，我明明想见他想得快要发疯，却硬逼着自己做数学题。

这场自虐的游戏已经玩得够久了，可是我却没办法按Esc键退出。我真的不知道该怎么办。

电视剧《最美的时光》大结局当晚，我抛下一堆没写完的化学试卷，眼巴巴地守在电视前等来了一个不明不白的结局。小说里的结局我已经看过千百遍，对女主角来说，和暗恋了十年的篮球一号终于修成了正果是那样美好。可是直到收到苏蔓和宋翊的结婚请帖，陆励成的喜欢都没有说出口。作者桐华说，这终会成为被时光掩埋的秘密。

明明早就知晓的结局，心里还是隐隐期望着电视剧会和小说不同，我以为导演会给陆励成一次表明心迹的机会。因为我和陆励成是那样惊人地相似，遇见江宁之后，他成为我生命里最美的时光，可是在他生命中最美的时光里，遇见的却是另一个人。

那个人在他心里生了根，任凭我千方百计，任凭我付出多少努力也拔不掉。

而我这个傻瓜，明明把他喜欢得紧，却不敢让他知道，只是把这喜欢埋在心里，变成被时光掩埋的秘密。

读者和观众都说，陆励成只是输给了时光。我是不是也一样？

平溪对我说，江宁曾给她剥过糖，喂她吃过烧烤，帮她签到、占座位，还用小刀偷偷在桌子上刻下，江宁喜欢平溪，一辈子。

我从被窝里爬起来，一个人站在窗前看了一整晚的星星。

全世界背叛你，站在你身后和你一起背叛全世界的闺密

王雨婷不知道从哪儿听说了平溪那晚的话，一字不漏地复述给我听，我皱着眉，怔怔地看着她，"你想我怎么办？"她这一次终于没有再发挥毒舌的本领，只是沉默了很久，抱住我安静地说，"齐宸，我只是不想你把他喜欢得那么苦，不管你做什么决定，我都无条件支持你。"

泪湿了眼眶。我想起每次跟在江宁身后时，总想不顾一切地冲上去，抱住他勇敢地说一句"我喜欢你"。可是一直攒不够这样的勇气，只好默默地跟在他身后，直到他走进教室。

江宁那次生病我才知道，他对于我是那样重要，没有他空气变得浑浊，呼吸都失去意义。喜欢他几乎是我生活的全部动力。

可是，这些都已经不重要了，就算苏蔓爱惨了宋翊，就算他们最后在一起，她都没有办法把许秋这个人从他的记忆里抹去。

那些记忆鲜明的存在，没那么快忘记。

王雨婷说，成长是一个冗长的过程。有些伤痛我们只能默默承受着，逃不掉也躲不了，于是途中变成了灰头土脸的模样。而在那之后的一切，把它们都交给时光吧。

再看《最美的时光》时，我突然发现，其实苏蔓最令人艳羡的不是她追逐篮球一号的勇敢，而是拥有麻辣烫这个无条件力挺她的闺密，也正是因为她，苏蔓才能对渺茫的爱情毫无畏惧。因为她知道，就算是得不到宋翊，世界崩塌，麻辣烫也会帮她顶着。

而我，庆幸拥有王雨婷。我想，就算全世界都背叛我，她也会站在我身后陪我一起，背叛全世界。

还有什么大不了，一个江宁倒下了，还有千千万万个江宁站起来。

我想，我终会遇见我的江宁。

男神爱上了路人甲

李阿宅

1

我左手拎着红豆饼，右手抱着刨冰，被太阳晒得满头大汗疾步走过篮球场的时候，你骑着单车不知道从哪里拐出来，围着我转了一个圈后刹车停在我面前。

你把臂弯夹着的篮球扔给球场上的人，对着我轻狂地吹了声口哨："林纾仪，这么巧。"

我顿住脚步，抬头瞧了一眼挡住我去路的你，忍不住地腹诽：巧个鬼啊，回女生宿舍只有篮球场前面这一条可以走，你不知道啊！

帮宋雪菲买的刨冰在太阳的炙烤下一点点融化，顺着杯子淌在我的手上，我把手上的冰水往你脸上一甩，"好狗不挡道。"

明明是句骂人的话，我实在想不通你有什么可乐的，你把车掉了个头跟在我后面，"喂，林纾仪，那事儿你考虑得怎么样了？"

路两旁种满了白杨树，夏天一到树上的蝉鸣声不绝于耳，不少女生找到总务处投诉都无果，可是你不知道，此刻你从我背后传来的声音比蝉鸣声更讨人厌。

我扭过头，背脊挺得那么直，眼神那么倔强，众目睽睽下掷地有声地说："林以宁，我不喜欢你，别费心思了。"

恰好是饭点儿，不少女生都拿着饭盒从我们身边穿过. 听到我说这句话后，众人齐刷刷的目光向我投来，然后我就听见一阵议论声传来："切，她整天到底有什么好拽的？"

哼，要的就是这个效果。

大庭广众之下，被人这么不留情面地拒绝，我以为你那么骄傲的一个人会问候一句我亲戚，然后扭头走掉。可是你依然直勾勾地盯着我，看得我心里都有些发麻。

反正刚才对周围女生示威的那句话已经说完，天气这么炎热，我才没有闲工夫陪你耗在这儿呢。

我前脚刚迈开步，脚跟还没来得及落地，就被你一把拽住胳膊。我怒目圆瞪地甩开你的手。

"林纾仪，你这样做很快乐？"

说实话，林以宁，听到你句话的时候，我心里不知道为何"咯噔"了一下，像是努力隐藏在盔甲下的秘密被人偷窥到了一样。

我没有理会你，把嘴里的口香糖吐进垃圾桶，哼着王力宏那首老掉牙的《大城小爱》走了。

2

回到宿舍，宋雪菲没有理会那杯她盼了一个中午最后却化在路上的刨冰，而是摸了摸我被晒得微红的额头，喃喃自语道："没发烧啊。"

我以为她是为我大中午出去帮她买刨冰的大无畏精神所感动，刚想感叹这姐儿良心发现的时候，就听见她夸张地叫："那你为什么把林以宁拒绝了？"

然后，她投来一枚恨铁不成钢的眼神。

桌子上王力宏的海报，已经出现了褶皱的痕迹，我使劲捋平，

"理由很简单啊,我不喜欢他,谁喜欢谁拿去。"

抬头,正好与趴在床上背单词的程亚丽的目光撞在一起,她拿着课本的手微微颤抖了一下。

我想,此刻程亚丽一定恨死我了,她那么费尽心思去喜欢的人,却成了我嘴里可以随便转让的东西。

高二年级都知道林纾仪有张恶毒的嘴,在懂得惹不起躲得起的道理后,大家自然都退避三舍。我以为你被我恶狠狠地拒绝后,也会像他们一样,再也不会出现在我的面前。可是,在消失了三天后,你抱着好利来的泡芙站在女生宿舍下面,打电话让我下去拿。

我磨磨蹭蹭地从床上爬起来,装作一副吃惊地样子,故意很大声地对着电话问:"什么?你竟然坐了四十分钟的车去给我买泡芙?"

我才不管被你听出声音里面的做作,只要程亚丽听到就够了。

我一边下楼一边想,要不是程亚丽在宿舍,我一定不会从五楼跑下来的。可是当我站在公寓门口,看到你一边擦汗一边往我们宿舍方向张望的时候,说实话,我心里是有那么一点儿悸动和感动的。

可是这份细微得不易察觉的情感,都被十六七岁那点儿无限放大的嫉妒与虚荣心掩盖了。

3

上物理课走神,我咬着笔盯着程亚丽在想:她这种看起来除了学习什么都不想的好学生,为什么会喜欢你这种桀骜不驯,整天被老师请去喝茶的坏孩子,明明你们就不是一类人啊。

"是啊,林纾仪,明明我们是一类人,那你为什么还不喜欢我?"

放了学,我们并肩走在学校后面拥挤的小吃街上,偶尔有几辆单车穿插而过,你都小心翼翼地揽住我,把车挡在身后。好像这是十六年来,第一次有人站在我身边这么做,说不感动是假的。可我早就把自己缩成刺猬的姿态,锋利的盔甲足够把自己保护好不受伤害。

我愤懑地看着被你咬了一口的地瓜，"谁和你是一类人，我是班里的正数第一，你是倒数第一。林以宁，这就是差距，我不喜欢比我差的男生。"

　　其实这是我的真心话，我从来无意扮演圣母来挽救失足少年，可是你却当成了这是我对你的激励，竟然开始抱着课本拉着我给你补习功课。

　　"你家那么有钱，随便找个家教都比我教得好。"

　　"那我花钱雇你好不好？"你拉开椅子在我旁边坐下，笑得一脸温和地望着我，这样的你，好像是我第一次看见。

　　程亚丽回头看了我们一眼，眼神里闪过一丝不易察觉的微恙。

　　"林纾仪，这次我要是考进班里前二十名，我们就在一起好不好？"窗外凛冽的寒风敲打着窗户，室内你却露着整齐的白牙，笑得像个孩子一样天真，像是寒冬的北方一场兜头而下的充沛阳光，躲不掉了，心里的犹豫成了一张脆弱的白纸，轻轻一捅，丢盔弃甲般破裂。

　　我轻轻点头，对上你质疑的目光。

　　我说："好。"

　　程亚丽挺得径直的背，猛然颤抖了一下。

4

　　有人说，这世上所有的坚持，都是因为热爱。

　　我无暇去考证这句话的真伪，可是我们却都像是偏执的疯子一样，在坚持着自己心里的那份坚定不移的执着。就像我对王力宏十年不变的狂热，就像是你对我锲而不舍的追求，当然，还有程亚丽对你的那份，整个七中无人不知无人不晓的执念。

　　圣诞节都要来了，可是济南依旧没有下雪，期末考试成绩就在这么不尽人意的气氛中下来了。

　　我被程亚丽从第一名的位置上挤了下来，而你终于没有辜负你顶着的那两个巨大熊猫眼，破天荒地考进前二十名。

　　程亚丽看完成绩排名名单，趾高气扬地从我身边走过去，还不忘用尖酸刻薄地语气说："谈恋爱算什么啊，有本事就别在第一名的位置上掉下来。"

　　我还在想怎么反击，恰好看到你经过我们班门口，我白了程亚丽一眼，大声把你喊你来。

　　你嬉皮笑脸地拍了拍我的头，问我怎么了。

　　"林以宁，我不能和你在一起了，程亚丽说我谈恋爱影响学习了。"

　　程亚丽的脸成了调色盘，一阵红一阵绿地看着你。

　　"程亚丽，你别管闲事。"你走过去，颇有深意地拍了拍她的肩膀。

　　"林纾仪，你明知道我不是这个意思。"

　　"抱歉，我的理解能力没有这么好。"

　　看着程亚丽在你面前吃瘪的样子，我心情大好地把你拉出教室晒太阳。

　　你趴在走廊地窗台上，看着下面的草坪，沉默了很久才缓缓开口："你为什么不能学着和善一点儿呢？"

　　"这就是本来的我，喜不喜欢随你。"

　　我转过身，竟然有种想哭的感觉，我不知道这份感觉从哪里产生。我以为从父母离异，我哭着恳求他们不要分开被无视之后，泪腺就已经坏掉了。

　　我以为你会懂得我的伪装以后，给我一个结结实实温暖的怀抱，可是你给我的却只是美好的幻觉。

5

　　林以宁，有些人的敏感是后天生活环境造成的。父母各自再婚有了新的家庭，为了不被人抛弃，我不得不像只猫一样敏感地窥探着周围的一切。或许我那天太敏感任性了，你明明只是一句好心的建议，却被我当成攻击，快速地展开隐藏起来的盔甲来阻挡，却伤害到了你。

你整整一周都没有出现在我的面前，我心里急得快要发疯的时候，你找人送来一张王力宏演唱会的门票。

我以为你原谅我了，满心欢喜地拿着票去找你，你站在天台上，吸了一口手里的烟，不作声地打量着我。

"对不起。"我从未对谁有过这样低的姿态，扯着你的衣服低声道歉。

"别演了，程亚丽又没在这儿。"你吐了一个烟圈在我的脸上，呛得我眼泪都要咳出来。

"你……你什么意思？"

"就是你日记里写的那个意思啊。"我听见你说完叹了口气。

我呆滞地站在原地看了你许久，直到你转身都没有动过，像是被人点了穴一般。

我以为我拿你报复程亚丽是最完美的计划，却没有想到程亚丽不仅偷看了我的日记，还把它交给了你。

我在自己最完美的作战计划里，成了输得最惨的俘虏。

眼泪簌簌地落下，打湿了你扔在我面前的日记本上，第一页清晰地写着："妈妈说，是我幼儿园同学程亚丽的妈妈把爸爸骗走的。"

我想冲到你面前解释，可是腿却软得迈不了步子。

6

那个冬天真冷，冷得我都以为自己熬不过去。

我好几次都想找你解释，可是他们却说你被保送走了。

你看，你多么恨我，才会连离开都不说一声再见。

林以宁，你不知道你的出现，让我把紧紧关闭的心门打开了一丝缝隙，我想学着成为你口中那个和善的人的时候，你又"砰"地一下把那扇门关上，其实你比我更冷血。

王力宏演唱会上，周围所有人都在热烈地呐喊与尖叫，只有我一个人拿着门票的存根在座椅上哭得像个傻子。

你好像真的被我伤害到了，拉黑了我的手机号，删掉了我的QQ，所有与我有关的东西，都被你统统扔掉，把我想说喜欢你的机会都堵死了。

7

林以宁，你不知道吧，其实后来我有辗转找到你的微博，只是我不敢明目张胆地关注你，我怕你再次把我拉黑，幸好微博有一项功能叫作"悄悄关注"。

你在微博分享你的学习你的生活，却只字不提爱情。照片中的你帅气依旧，只是眉宇间有了几分稳重。你看时间过了那么久，我们都变了模样，就连我喜欢的王力宏都宣布要结婚了，新娘是个大家都不认识的路人甲。

你转发了他宣布结婚的微博，说"转给那个我喜欢她，她是迷恋你的女孩儿。我知道她还在喜欢她喜欢的人，谁不是呢？"

我看到这句话的时候，我眼里打着转的液体喷薄而出。

如果十六岁之前，我知道有一天会遇到一个叫作林以宁的男孩儿，有着明眸皓齿的笑容，笑起来像是融化万物的天使，那么我一定会收起自己身上所有的盔甲，努力去做一个朝着太阳生长的姑娘，然后站在九月开学的操场，大声对他说："我——喜——欢——你。"

微笑如夏花般灿烂

倩倩猪

遇　见

学校，十字街，家里，我每天都是这样的三点一线式生活模式，简单而重复，我甚至在学校里没有一个说得上话的朋友，我总是一个人孤单地坐在讲桌的左边，没有同桌。

班上的同学偶尔会在我身后说我小话，他们说，管苏是朵奇葩。

奇葩就奇葩，我还不愿意和你们同流合污呢。每每这时候我只能这么在心里反驳着。

每天最快乐的时光就是独自走在回家的路上，我要穿过一条古色的小巷子，然后站在十字街等红绿灯，我特别享受那种红灯倒计时绿灯亮起的瞬间，我便可以飞快地穿过人潮拥挤的马路，直奔回家。

这一天，好像有与往常不　样的情况发生，我站在黑白分明的斑马线上，心里面熟练地倒数着五个数，5——4——3，2还没有数出，我便看见马路对面站着一个女生。

她有双和我一样漂亮的眼睛，和我一样的柳叶眉，和我一样的塌鼻梁，甚至一样的笑容，我不禁有点儿看呆了。

我竟然遇上了我自己？！

呼哧，一辆出租车呼啸而过遮住我的视线，然后只是眨眼的工夫对面的女生消失得无影无踪。

我揉了揉眼睛，确定没有人，难道是幻觉，或者见鬼了？

故　　事

回家后，老妈在厨房做饭，我放下书包就躺在了客厅的沙发上，脑袋里迅速搜索着儿时的记忆，隐隐约约记得，以前住平房的时候，隔壁老婆婆讲过一个故事。

那时的阳光正好，老婆婆坐在院里的靠背椅上，旁边围了一群小朋友听故事，因为老婆婆的故事总是格外精彩。

老婆婆说，每个人在临死前都会看到一个长得和自己一模一样的人，他是自己的魂，只有在最后的时间里才会见上一面。

当时，旁边的小朋友一个个吓得东张西望，都在看自己附近有没有和自己一样的人，只有我半信半疑地思考着，和自己长得一样，怎么可能呢？

我起身跑到厨房，探进半个身子，眼睛轻轻闭上，鼻子里便嗅到了浓香的鸡汤味，我笑，"妈，今天怎么想起熬鸡汤啊？"

"你爸爸今天回来，他那么久回来一次，我们得给他补补。"老妈笑得幸福，我突然问她，"妈，我有没有孪生姐妹什么的？"

老妈明显愣住了，奇怪地看着我，眼里尽是迷茫，半天挤出一句话，"……生你一个就够折腾我了，我哪敢要第二个啊。"

"那我是这个世界唯一的一个对吧？"

"当然。"老妈回答得笃定，然后转过头问我，"怎么突然问这个？"

"没有啦。"

得到了满意的答复，我放心地拿着客厅的书包回卧室做题去了，刚关上房门，我突然意识到，如果我没有孪生姐妹，如果我在十字街没有看错，那么那个女生是谁呢？

总不至于真是老婆婆故事里的另一个我出现了吧？

梦　魇

第二天早上，我是被噩梦惊醒的，看了看床头的闹钟，提前了一个小时起床，我回忆着刚刚的噩梦，我梦到了那个和我长得一模一样的女生，她从马路对面飞了过来，她居然有一双隐形的翅膀，她看着我一直笑一直笑，笑得我头皮发麻，她才开口："管苏，你的阳间命数已尽，我是来通知你的。"

我挥舞着双手不停地叫着"不不不"然后满身是汗的醒来，白得发亮的天花板，我躺在自己家的床上，刚刚只是做了噩梦而已。

老妈给我做好早餐后，发现我已经穿戴整齐地坐在卧室里发呆，她喊了我好几声，我才听到，我拿了早餐就朝外面走，我说，妈，我边走边吃。

老妈的声音越来越远，她大抵是在说，时间还早，怎么不在家吃，我却没有心情理会，一出小院大门，我便把早餐丢进了垃圾桶，我真的不饿。

教室里，有的人在安静地听课，有的人在说小话，有的人在笑，有的人在补昨晚的作业，老师在讲中国最拗口的文言文，他们都有表情，唯独我，在观察他们的一言一行。

我甚至花了一节课的时间去观察窗外的景色，窗外有一棵大大的树，我不知道它的名字，有人说是梧桐，有人说是槐树。初春时节，树上偶尔有几只鸟安逸的栖息，我看着那鸟，顿时心生羡慕。

在放学之前，班主任还是发现了我的不对劲，她问："管苏，你今天怎么了？整天没听讲东张西望的，还对着窗外发了那么久的呆，还有，你昨晚的作业也没写。"

我收拾着书包，也没看班主任担心的眼神，只是淡淡地答非所问了一句，老师，我家有事先走了。

遗　书

老妈喊我出去吃饭的时候，我还在闷闷不乐着，如果那个故事是真实的，是不是意味着我马上就会死掉呢？

反正我会死的，我看着桌上可口的三菜一汤突然失了兴趣，老妈不停地给我夹菜，她很漂亮，是我们这个年龄段孩子的妈妈里最年轻漂亮的，这话是楼下邻里四舍的小朋友们说的。我看着老妈，她的脸上总是挂着笑，我有点儿不忍心让她看出我的破绽，于是勉强塞了几口饭菜，然后放下碗筷说我回卧室写作业去了，今天的作业布置的有点儿多。

老妈收拾好了餐桌后，坐在客厅里看着万年不变的婆媳大剧，我趴在书桌上一阵难过，一想到马上就要离开爸爸妈妈、老师同学，这个美好的世界，脑袋就晕乎乎的，我真的不想离开。终于，我从最右边的抽屉里拿出了我最喜欢的信纸，白色的纸上哆啦A梦戴着竹蜻蜓在飞，我打算写一封遗书。

我有义务在我死后，让我的父母了解真相。

当我写完遗书后，爸爸回来了，我听见他的皮鞋踩在地板上独有的声音，我听见他一贯的问句"管苏呢"，我甚至听见老妈说"卧室做作业呢"之后他靠近的脚步，我迅速地把遗书夹在了英语课本里，然后若无其事地看着打开卧室门的爸爸，两人相视一笑。

爸爸简单地和我聊了下今天学校的情况，然后出去了，他关上门的一瞬间，我红了眼眶。

车　祸

遗书安静地躺在我的抽屉里，我仿佛下了重大决定似的出了家门。

我在十字路口站了半个钟头，观察着人群中每一个走过的女孩儿，我试图再一次找到她，然后问她我是不是真的要死了。我那么健康，没有大病小病，我成绩优秀，没有作恶多端，我那么热爱生活，乐观积极，怎么就突然遇到这种事？

红灯和绿灯交换着闪烁，我依旧没有见到她，却引来了交警叔叔的注意，他问我，怎么不回家？

我仓皇而逃。

连续三天，我每天都来这里等她，依旧无果。我已经开始受不了思想上的煎熬和精神上的自我摧残，我觉得再找不到她，我真的会死，跳楼或者服安眠药。

第四天，我居然如愿以偿地再一次见到了她，她坐在一辆小轿车的副驾驶，驾驶位是一位三十多岁的女人，看不清样子，我像疯了一样地去追那辆车。

十字路口出现一片混乱景象，我听到身边到处都是鸣笛声，还有骂骂咧咧的叫喊声，我全然不顾地盯着那辆车，眼看越来越近了，"砰"的一声，我感觉到自己的身体慢慢地开始不听使唤了，然后重重地倒了下去。

真　相

我出车祸了。

医生说我失血过多，需要大量输血，而我的血检验结果显示是熊猫血，Rh阴性血比较罕见，就连我的爸爸和老妈都血型不符。

当我在病床上醒来的时候，我看见了隔壁床上那张和我一模一样的脸，她安静地躺着，脸色苍白，嘴唇干裂，室内的灯光打在她的睫毛上，像是蝴蝶翩翩起舞。

我告诉自己，已经到了天堂，原来没有想象中那么疼。

门被打开，我看见医生护士走了进来，后面紧跟着爸爸和老妈。我一时反应不过来，爸爸和老妈怎么会也在天堂？

医生轻轻地摸了摸我的头，转身对爸爸说："孩子基本脱离了危险期。"

老妈这才小跑过来抱住我，我感觉到她肩膀微颤，声音哽咽，她说："管苏，你没事就好。"

我木讷地被老妈抱着，轻轻转过头，看着旁边的床位，我小声地嘀咕着，"她是谁？"

爸爸一副欲言又止的表情，眼睛红红的，我看到他手里握紧了我写的遗书，像是下了重大决定似的，指着隔壁病床上躺着的另一个我说："管苏，她是你妹妹，苏蓝。"

妹妹？苏蓝？

爸爸接着给我解释道，"其实，你还有个孪生妹妹，如果不是因为这件事，我真的不想告诉你的，当年我们离婚的时候你们还小，我们私下协议好各自带着一个女儿继续生活，你亲妈妈也离开了这座城市，不想影响到你们的正常成长，而你也不会知道你有一个孪生妹妹。只是命运弄人，你却因此差点儿送命。"

我完全消化不了这些信息，我不是独生女？我还有个姐妹？我只是单纯地生气，气得胸口都在隐隐作痛，我撕声裂肺般地吼叫："她不是我妹妹。"我抱着老妈露出恐惧的神情，不是的，不是的。

爸爸第一次打了我，他指着病床上的苏蓝，看起来比我还要生气，"你知道你妹妹给你输了多少血吗？七百毫升，她知道你是她姐姐后毫不犹豫地给你献血，你的血型我们都不符，是你妹妹救了你，她还在昏迷中你怎么可以说这种话。"

老妈拉住了暴跳如雷的爸爸，我被打蒙了，看着病床上那张和我有着一样脸孔的脸，不由得泪流满面。

我也不知道我为什么会哭，总感觉看着那张苍白的脸，心里莫名地难过。

原来你有名字，你叫苏蓝。

苏　蓝

苏蓝这次回来，是因为我们的外婆去世，她是打算最后一次回来，祭奠完外婆就走。

我躺在病床上突然为我之前的想法和行为感到好笑，我居然相信了小时候的故事，我居然把活人苏蓝当成了那个要带我离开阳间的魂，我还担惊受怕，还总做噩梦，原来是我自己吓自己而已。苏蓝醒来后，我别扭地和她打了招呼，"嗨，我是管苏。"

"我是苏蓝。"苏蓝笑的时候左边有一个浅浅的酒窝，而我的在右边。

127

住院期间，班主任带着班里的同学来看过我，她不可置信地看着我和苏蓝，"哇，你们真的长得一模一样啊，如果不是亲近的人，一定认不出来吧？"

我和苏蓝相视一笑。

慢慢地，我好像接纳了我的生活中有一个妹妹，我们身上流着相同的血液，我就像不排斥她的血一样不排斥她。

老妈给我送鸡汤的时候也显得格外的生分，仿佛我知道这个秘密之后，我们便形同陌路一样，她可能怕我不认她，讨厌她了吧，苏蓝喝了口鸡汤，赞不绝口，"真好喝，比我妈做的还好喝。"

空气中一下子尴尬起来，苏蓝继续埋头喝着鸡汤不再开口，我端起鸡汤，浅浅地喝了一口，"好喝，妈，不管发生什么事情，你永远是我的妈妈，好吗？"

老妈哭了，泪如雨下，她的眼睛里好像饱含了许多的无辜和心酸，她紧紧地抱着我。

老妈走后，苏蓝给我讲了一个故事，她说，我们的亲生妈妈是个坚强的女人，在苏蓝刚懂事的那段日子，她们过得异常艰苦，曾经有很多叔叔说想要当苏蓝的爸爸所以去讨好苏蓝，他们中还有一个对苏蓝真的很好并且苏蓝也很喜欢的叔叔，苏蓝曾试图说服妈妈和那个叔叔结婚，可是苏雯画说，她不想结婚，她不想有一天让她的女儿认为，她是个朝三暮四的女人。

苏蓝说，当时她没想明白，她最了解妈妈了，怎么可能误会她朝三暮四呢？现在终于想明白了，原来妈妈担心有一天会再次遇到管苏，而她想再次出现在管苏生命里时，依旧是单身妈妈。苏蓝说，你看这么多人都爱着你呢，他们通过不同的方式来爱着你，不管是爸爸还是妈妈，抑是你所谓的后妈，所以你很幸福呢。

苏蓝的故事讲完了，那个夜里，我久久不能入睡，我在想象，我的那个亲生妈妈，她到底是什么样子，是不是笑起来有两个酒窝，她为什么不来看我和苏蓝，是担心我埋怨她吗？是没脸来见我吗？

原　来

出院的前一天晚上，我给爸爸打了个电话，我告诉他，"如果可以的话，爸爸老妈和苏妈妈一起来接我们吧。"结果苏妈妈还是没来。

爸爸说经过我强烈的挽留，他和苏妈妈沟通了很久，她终于同意让苏蓝先暂住在我们家一小段时间。于是，苏蓝每天陪我上下学，吃饭，睡觉。我发现有苏蓝的日子是多么美妙。

苏蓝说，老师和同学都很喜欢我，只是我一直淡淡的好像不愿意讲话的样子让他们不敢接近我。苏蓝说，管苏，你要多笑，你笑起来好看极了。

不知道为什么，学校里的同学们似乎一个个都对我热情起来，可能是因为她们和苏蓝关系很好吧，所以对同样外表的我也给予了很大的恩惠。我试图把他们每一个都当作苏蓝，微笑示意，真心对待。

很快，我在学校有了自己的朋友，就连放学后，我和苏蓝也可以和小伙伴们一起回家，然后我们在十字街和她们挥手告别。

只是，当我和小伙伴告别之后，转过身来，本该在身后的苏蓝不见了。我一路小跑回家，想着苏蓝可能先回去了。

老妈说苏蓝没有回来，我找遍了家里的每一个角落都不见苏蓝的身影，我站在客厅，急得眼泪都掉出来了，我问爸爸："苏蓝呢？"

"你看不见苏蓝了？"爸爸疑惑地看着我。

"看不见？什么意思？"我突然止住了哭泣，一脸迷茫地看着爸爸，而爸爸看着我认真的样子，看着看着就痛哭了起来，他没有哭出声，但是我能明显地发现，眼泪落下的速度那么快。

老妈从卧室里拿出了一沓纸递给爸爸，爸爸把那沓纸递给了我，嘴里缓缓地吐出了几个不可思议的字，"管苏，你生病了。"

我难以置信地看着那叠纸，是一堆病历单，上面白纸黑字写得清清楚楚，管苏，女，十五岁，患有轻微臆想症。

我生病了？患有臆想症？那，那苏蓝呢？

我大力摇了摇头，对着爸爸说："不可能的，你和老妈，还有老师同学，你们都见过苏蓝的不是吗？她还给我输血了呢！"我拼命找到之前被针扎过的地方，可是时间久了早已不见了。

老妈含着满眼泪花抱住了我，她抚摸着我的头，让我先稳定情绪，她告诉我说，"傻孩子，一切都是我们陪你演的戏啊，我收拾屋子的时候看到了你的遗书，你爸爸怕你做什么傻事就隐瞒了实情，医生也说让你慢慢康复不要刺激你为好，实际那次是你爸爸给你输了全部的血，他现在还有些没恢复元气呢，还有，你的同学老师是我们拜托他们不要揭穿出来的，因为担心你的身体状况，他们都很热心地帮忙呢！"

爸爸反手搂住我和老妈，声音有些颤抖地说："都过去了，太好了。医生说，当你有一天看不到苏蓝，就说明你的病情正在好转。医生说你可能有些太内向，导致了有些自闭，想交朋友自己却总是退缩，所以走进了自己幻想中的世界。"

我呆呆地看着手里的诊断书，然后它轻轻的从我手中滑落，原来苏蓝是假的，原来我没有一个妹妹。

"爸爸，如果我的病一直不好，难道你们要一直陪我演下去吗？"

"嗯。"爸爸坚定地点了点头，"不管多久，我和你妈妈都会陪你演下去的。"

我左手抱着爸爸，右手抱着老妈，心里泛起了巨大的浪花，幸福得鼻子都跟着发酸，我感谢他们在我生病的这段日子里对我百般迁就，用心良苦。

"爸爸，妈妈，我会好起来的。"

尾　声

我站在十字街道前挥手和朋友告别，然后转身停住脚步对着身旁的苏蓝笑了笑。

苏蓝啊苏蓝，你的出现啊，真给我带来不小的麻烦呢！但是我还是要感谢你，因为有很多人需要我把微笑带给他们，这样生活才会仿若六月夏花之灿烂的，对吧？

风的记忆

秋天越来越深了，院子里柳树的叶子都掉光了，只剩下干巴巴的柳条在瑟瑟的风中不住地摇晃，一只只大雁排着整齐的队伍齐心协力地向远方飞去，秋风徐徐地吹着，我望着空荡荡的院子，好像看到了李风。

他穿着白色的运动鞋，轻快地绕着院子奔跑，那样子，真的就好像风一般的自由。我冲着他"咯咯"地笑着，"风哥，你的样子好帅啊！"他也好像朝我笑了笑，那笑容，竟比风还温柔。

行走在阳光下的阴雨天

浅悦幽然

1

林萧然与柯嘉的第一次相遇，特别普通，普通得以至于后来柯嘉根本想不起来，他们到底是如何相遇的。

用柯嘉的话说，这就是上帝用一只看不见的手，将毫无关联的两个人联系到了一起。林萧然每次听到柯嘉这么说，都只是微扬嘴角，既不反驳，也不承认。

对林萧然来说，如何相遇不重要，重要的是，他们相遇了。

那是一个很美丽的午后，林萧然因为找资料无意中推开了学校音乐教室的门。柯嘉坐在门后的钢琴旁，修长的十指在黑白琴键上翻飞自如，琴声泄了一地芬芳，混合着窗外轰鸣的蝉声，闷热的天气里，震得林萧然有些微微耳鸣。可是，在柯嘉微微侧头，看向林萧然的那一瞬间，她却感觉整个世界好像是被人按下了静音键。只余那双墨色的眼睛，仿佛盛满了细碎的阳光，满得几乎要溢出来。

这个画面定格在林萧然的记忆里，久久，久久不曾散去。那一刻，她真的觉得，上帝还是厚爱着她的。

当时柯嘉弹的是《Summer》，这首钢琴曲，成了林萧然至今都无法忘怀的经典曲目。

2

林萧然初中毕业的时候，拿到了洛迦高中的录取书。

那是洛迦大学的附属高中，也是整个洛迦市学子趋之若鹜的重点高中。每年让人惊叹的升学率暂且不提，只一点，保底升本校大学部，就具备了其他学校望尘莫及的优势。

尽管身边的人在看到大红色烫金字体的录取通知书时，都是满目艳羡，但林萧然却不以为意。她看中的，只不过是洛迦高中不同于其他学校的强制性寄宿制度。林萧然迫切地想离开现在的家，在毫无独立的经济能力之前，她能想到的，只有这个办法。

那个时候，她从未想过自己会遇见柯嘉，也从未想过自己的生活后来会发生怎样翻天覆地的变化。

开学的那一天，报名，交钱，查分班信息，领钥匙，搬行李……一系列新生入学的琐碎事情，都是林萧然独自完成的。穿梭在洛迦高中绿化极好的校园里，看着身边与自己同龄但大都是父母陪伴的新生，说不失落不羡慕，那全都是假话。不过就算失落，就算羡慕又能怎样呢? 林萧然能做的，只不过高昂头颅，大步朝前走。

如果没有人可以依靠，那么就只能依靠自己。

这是林萧然在小学毕业那年，就有的觉悟。

那一年，是林萧然第一次直面父母的感情争战，也是林萧然第一次发觉，哪怕是日夜相伴的父母，也有自己不熟悉的陌生面。

仿佛只是一夕之间，林萧然便长大了。

往后初中三年，家里几乎天天上演"战争片"，林萧然唯有关上房门，埋首苦读，才能避免被父母间不留情面的唇枪舌剑误伤。

等到所有人发现林萧然周身笼罩着一层灰色的阴影，而她在心上圈出了厚实的壁垒后，她已经形成了现在这种沉默寡言、独来独往的孤僻性格。

她习惯了在阴雨天行走，独自撑伞，独自向前。

当她发现这个世界上还有一种人，只要靠近他就能感受到阳光的时候，她怯步了，内心涌现更多的，是惶恐。

所以，林萧然站在门口看清柯嘉如同画上美少年般的面容时，她第一反应是，关门，转身，而后逃离。

也不知道是不是当时林萧然的反应太过夸张，后来很多次，柯嘉说起来的时候，都是一脸委屈地控诉，"你当时见到我的表情活像我是洪水猛兽，我弹个钢琴不至于把你吓成那样吧？"

林萧然听后也只不过是笑笑，并不接话。但在当时，她确实是被吓到了。尤其是那天下午上课，又碰见作为交换生被班主任领着走进教室，并被安排坐到自己身边的柯嘉的时候，林萧然虽然表面镇静，但惊恐的眼神却早已出卖了她。

"嗨，我们又见面了。"柯嘉侧过头，露齿一笑，两个酒窝在脸颊边若隐若现。

林萧然的镇定在那一刻土崩瓦解。

她匆匆低下头，笔尖戳在演算纸上，眼睛里却再也看不到习题里隐藏的方程解。

3

往后几日相处倒也和睦，这几乎全都归功于柯嘉的识趣。

柯嘉不招惹林萧然，林萧然自然也不会没事找事。最初柯嘉的那一句"我们又见面了"仿佛只是林萧然臆想出来的幻觉，不具有任何实质上的含义。

两个人虽然是同桌，每天说的话却不超过三句。这样的平静的日子，一直持续到一周后的新生仪式。

洛迦高中有个不成文的规定，就是入校成绩第一名的学生必须作为学生代表在新生入学仪式上进行演讲。

很不巧，林萧然就是那个年级第一。

一直低调行事的林萧然初闻此事时，足足愣了一分钟才反应过来。一分钟后，她便开始飞快地思索对策。

"这样多好，大家都会认识你。有些人想要，还得不到这样的机会呢。"柯嘉一手撑着头，一手把玩着一支黑色中性笔，微笑着说道。

"早知道，就少做几题了……"林萧然皱着眉，并没有接过柯嘉的话头，反而有些懊恼地自言自语。

柯嘉也不在意，只是若有所思地看着林萧然手指不停地在书上写写画画。这种时候还能专心预习下堂课的知识点，果然学霸的生活不是常人能理解的。

叹了口气，柯嘉在上课铃声响起时收回了视线，开始专心做题。

等到第二天，班主任一脸惋惜地通知林萧然不用再准备演讲的时候，林萧然几乎不敢相信自己的耳朵。抱着不管是谁去演讲，只要不是她的心态暗自庆幸了一番后，林萧然很快便将这件事抛诸脑后。

新生仪式那天，林萧然站在黑压压的人群里，随着千百道视线一起望向学校演讲台上那个拯救自己于水火中的人时，再一次愣住了。

她没想到，那个代替自己演讲的人，竟然会是柯嘉。

她更没有想到，柯嘉是仅次于自己的第二名。

整个上午，林萧然的脑海里都嗡嗡作响，柯嘉的声音很好听，演讲内容透过话筒传遍了整个校园，然而，林萧然却一句都没有听清。

知道自己不想去演讲，不想出风头的人，只有这个名义上的同桌，他是为了自己才主动要求演讲的吗？

不知道为什么，这样的想法让林萧然觉得害怕。演讲还没结束，林萧然就悄悄退出了人群，回到了教室里。

没想到，前脚刚踏进教室，后脚柯嘉就进来了。

柯嘉看见林萧然时，也是一愣。不过很快便扬起那个阳光四溢的招牌笑容，仿佛能预知林萧然心中的想法似的，解释道："不要想太多，我只是比较爱出风头，这样正好。"

林萧然默不作声地点点头，抽出单词表开始旁若无人地记单词。

柯嘉似乎很累，也没再开口说话。等到林萧然发觉身边太过安静，转而侧过眼角偷看时，才发现柯嘉已经趴在课桌上面朝着她睡得不省人事了。

四分之一的脸枕在手臂上，还有四分之三清晰地印刻在林萧然的瞳孔里。不知道是不是那天的阳光太过美好，林萧然恍惚觉得，这个人就算是陷在背光的阴影里，也依然散发着耀眼的光芒。

那一瞬间，林萧然反而有些羡慕这个叫作柯嘉的少年。

4

不管柯嘉代替林萧然演讲的理由是真是假，但柯嘉确实是出够了风头，在整个洛迦高中一炮而红。

那次演讲之后，很多同年级的女生都会堵在门口，只为了一睹柯嘉的风采。情书，粉色信笺，心形巧克力……各种花样层出不穷，甚至还有高年级的学姐直接在放学后邀请柯嘉去约会……整个学校都在传言，高一×班有个帅哥，成绩又好，长得又好。

纨绔子弟。林萧然在暗中观察了柯嘉许久后，得出了这样一个结论。

她发现，柯嘉对每个向他搭讪、告白的人都会温柔以对，并且露出八颗牙齿的标准笑容。以前怎么会觉得这样的人阳光呢？林萧然有时候看着柯嘉与别的女生谈笑风生的样子时，心里会默默地将柯嘉从头鄙视到脚。

鄙视完了之后，继续做习题。

只要不打扰到她，柯嘉要怎样都无所谓。

可是，林萧然明显小觑了那群女生的战斗力。

过分地纵容和漠视导致那些女生更加得寸进尺，她们只要一看到林萧然离开座位，便立马如狼似虎地扑过来。有的直接走迂回路线，开始对林萧然围追堵截，只为了从侧面打听柯嘉的各种私人信息。

每次柯嘉都会投来抱歉的眼神，但每次林萧然都会两眼冒火地瞪回去。

当林萧然在去上厕所的路上，第十一次被女生拦住，只为了向她打听柯嘉的喜好，柯嘉的作息时间时，林萧然终于忍无可忍地怒了。

林萧然发怒的直接结果就是，搬着桌子坐到了一个远离柯嘉的角落。

柯嘉也不恼，趁着林萧然被老师喊去办公室的时候，又悄悄地将她的桌子给搬回了原地。

优等生的好处就是，班主任会自动无视班级里各种细微的变化，无论怎样胡闹，只要不过分不越界，也只会感慨一句，"年轻就是好啊"。

等到林萧然抱着一摞作业本返回教室时，柯嘉已经若无其事地翻着下堂课的课本，装模作样地画着重点。

林萧然也不矫情，顺着台阶就下了。

也许，我们可以成为朋友。

那个时候，林萧然是抱着这样的想法与柯嘉相处的。

在她十六岁的年华里，只有一个人能让她敞开心扉，那个人就是小佐。可是小佐早在小学毕业之后，就跟着她的爸爸妈妈一起去了外地。再之后，林萧然家里发生变故，她便开始封闭自己，不让任何人靠近，也不靠近任何人。

柯嘉的出现，如同一枚滚烫的石子，将林萧然冰封的心湖敲开了一道裂缝儿。

"其实我以前见过你。"柯嘉冷不丁的一句话响起在林萧然耳边时，林萧然心中一惊，脑海里迅速将过往记忆逡巡一遍后，认真地回答，"我好像没有在梦里光顾过你吧。"

柯嘉听见这句话，呆了三秒，然后爆笑出声，最后笑得眼泪都出来了，"原来，你喜欢板着脸说冷笑话。"

林萧然说："你不觉得这样才能让笑话更好笑吗？"

柯嘉说："可是，你自己为什么不笑呢？"

林萧然无语。

柯嘉说："你应该多笑笑……"

其实，柯嘉没有说谎，他真的见过林萧然，只是连他自己都忘了时间，地点，唯有人物，铭记于心。

他记得很清楚，那个时候的林萧然，笑起来眼睛是半月形，能让周围的人从心底里溢出笑意。

只是这些，他从没有对林萧然提过。

5

学校临时通知每个班都要选出两名学生去外省参加为期一个月的奥数竞赛培训班时，林萧然和柯嘉被理所当然地推了出去。

所谓奥数竞赛培训，指的是几所联名大学到学校挑选出最顶尖的优等生，针对密集知识点进行为期一个月的培训后，在最末的两天里进行两场严格的竞赛考试。这场考试既关系到各自学校的名誉，也关系到学生们自身的命运。如果能在竞赛中获得名次，则直接会颁发证书，并在高考中获得加分优势。

出发时间定在第二天早上七点，校门口大巴士前集合。要参加培训的人可以不用上课，提前回家整理行李。门卫大叔似乎还没接到通知，尽忠职守，没有丝毫开门的打算，学生们慢慢在校门处越聚越多。

林萧然跟在柯嘉身后，就见他直直地穿过人群，无视周围同僚们异样的眼神，扬起招牌笑容，敲开了门卫大叔的门，一口一个大叔，一句一声竞赛，直说得大叔眉开眼笑地掏钥匙将侧门打开。

学生们鱼贯而出，柯嘉则站在一边陪着大叔闲聊。

林萧然一直都知道柯嘉很受欢迎，但她着实没想到，向来以严谨出名的门卫大叔也能被他收买。

"我可是上到八十岁老奶奶，下到八岁奶娃娃，一律通吃的典范喔。"柯嘉带着林萧然走出学校后，表情十分得意，说完还不忘朝林萧然眨眨眼。

林萧然无语地看着面前手舞足蹈的某人，张张嘴，告别的话还没说出口，就听见柯嘉兴奋地提议，"今天是我生日欸，正好休息，我带你去玩吧。"

他这是看出了自己的意图吗？林萧然狐疑地打量着柯嘉的表情，实在是看不出任何破绽后，才勉为其难地点了点头。

可是当林萧然发现柯嘉带她来的地方是游乐园时，瞬间觉得自己脑子是被电打了，才会答应陪柯嘉过生日。

因为是周三，游乐园里没有多少人，各种娱乐项目也不需要排队。柯嘉一进门，便像是一匹脱缰的野马，撒开蹄子奔向过山车，还硬拉着林萧然一起坐。一下过山车，林萧然便很没用地吐得一塌糊涂。

接着是旋转木马，海盗船，摩天轮……

一轮玩下来，林萧然已经觉得筋疲力尽了。不过拜柯嘉所赐，她已经很久没有这样放任过自己，尽兴地玩了。

林萧然弯腰喘着气，嘴角不自觉地扬起一个漂亮的弧度。

"林萧然，看这里！"

林萧然条件反射地抬头，只觉得眼前白光一闪，就看见柯嘉一副奸计得逞的笑容。

"刚才那张照片很好看喔。"柯嘉说着，扬了扬不知道什么时候拿在手中的拍立得，"我一定要好好珍藏，绝对不会给你看的。"

林萧然张牙舞爪地扑过去抢照片，无奈身高差距太大，始终没得逞。

最后回到家的时候，已经到了晚上九点。屋子里没有亮灯，林萧然告诉自己，他们也许睡下了。但当她扭动钥匙，听见屋子里传来空旷的回音后，心中的最后一丝期待也全都被失落覆盖。

果然都不在家。

林萧然默默地关上门，换上拖鞋，摸黑走进了自己的房间。

"咚！"

"咚！"

"咚！"

有人朝着窗户扔石子。

林萧然拉开灯，推开窗户望出去时，正好对上了那个人仰着的脸上那双对着窗户方向的眼睛，即使是夜晚，也依然熠熠生辉的眼睛。

"喂，林萧然，你怎么哭了？不要太感动啊，其实我只是来找你借点儿钱好打车回去啊，我，我钱包好像被偷了。"柯嘉站在楼下，手无足措地解释，低垂着头皱眉的样子无辜得像是做错事的小孩子。

这是林萧然从没见过的柯嘉，她忽然就被这样的柯嘉逗笑了，冲着窗外吼了句，"等等啊。"就返身摸索背包，最后掏出了一个浅驼色的男士皮夹。

"你的钱包怎么长腿跑到我这里来了？"说着，瞄准楼下的某人，一个空投，钱夹划出一道优美的抛物线后，精准地砸在了柯嘉脚边……的泥坑里。

"对不起，对不起，我真不知道那里有个泥坑。"林萧然双手合十，一脸诚恳地道歉，嘴角却一抖一抖的，明显憋笑憋得很辛苦。

"想笑就笑，不用憋着。"柯嘉欲哭无泪，最后撇着嘴如同一枚萧瑟的树叶随风飘远了。

原本低落的心情也被柯嘉这么一搅和，全都消散无踪。

林萧然伸了伸懒腰，将要带走的东西整理好后，早早地就上床睡觉了。

6

第二天六点半准时起来，七点准时到学校门口大巴，柯嘉早就占据好了最佳位置，等林萧然一到，便匆匆忙忙地从包里往外掏吃的。

林萧然讶异地看着他，"你不会一整个包都是零食吧？"

柯嘉得意地点点头，一副世界末日马上就要来临，尔等还不做好准备的表情。

林萧然无语。

事实证明，柯嘉是对的。

奥数培训的地方为了让大家专心参加培训，地点定在了一个信息闭塞的乡下。由于伙食太差，很多人食欲大减。而林萧然因为柯嘉带了足够多的吃食，日子还是过得相当滋润的，可惜，好景不长。很快，柯嘉的存货也开始锐减。

于是，柯嘉找到了新的乐趣，就是会在闲下来时，到处搜罗美食。

培训班上课的时间，跟平常在学校时差不多。只是，整个班级安静得连呼吸声都能听清。平常在学校里，嫌教室太吵，到了这里，却又安静得让人倍感压抑。

因为考试时间的临近，这里几乎每个人都神经紧绷，专心致志地陪伴着自己的纸笔、习题。

只有一个人，仿佛丝毫不受影响，依然在愉快地玩耍。

就算到了这样一个鸟不拉屎的地方，他也能发挥他的自来熟优势，愉快地跟培训老师闲聊，探讨奥数问题。

那个人就是柯嘉。

林萧然懒得说他，便由了他去，只自己专心研究着老师刚讲的一个知识点，她想再好好揣摩一下，看能不能找出一个更简便的解题方法。

林萧然在算纸上比画来比画去，就是算不出结果，明明方法是对的，为什么算不出来呢？

"喂，陪我去吃好吃的，我知道哪里有好吃的了。"柯嘉一脸兴奋地坐到林萧然身边。

"不要吵，我马上就要算出来了。"林萧然挥挥手，赶苍蝇似的。

身边静默了几分钟。

"是不是只要知道哪里出了问题，算出答案，你就可以陪我去了？"

"别吵……"

林萧然手中的纸笔忽然被人抽走，正要勃然大怒的时候，视线落在了柯嘉拿笔的手上。他只是简单地写了几个公式，套上题中的数字，答案就出来了，这个方法比老师教的那种要简便许多。

林萧然看了看算纸，又看了看柯嘉，忽然觉得面前这个人真是深不可测。

"现在可以陪我了吧？"柯嘉扬了扬手中的算纸，邀功地说道。

林萧然一路心事重重地跟在柯嘉身后，满脑子都是，他怎么想到的，我为什么想不到……

"刚才跟老师讨论的时候，我就觉得这种方式应该可行，但老师说有点儿投机取巧的成分，不过，这不正是数学的乐趣吗？"柯嘉停下脚步，一本正经地站在林萧然面前，"所以，你不要一味地去把题目当任务完成，而是要去发现其中的乐趣，自然就会顺手很多了。"说着，手搭上了林萧然的肩膀，将她扳到侧面，"老师没教过你吗，要劳逸结合，现在是休息时间，你快看看周围有什么？"

林萧然睁大眼，不可思议地看着周边的景色。

天不知道什么时候黑了下来，满天的星星像是遗落在深海里的珍珠，两边绿油油的麦田此时蒙上了一层墨色，萤火虫不知疲倦地飞舞其间。天地仿佛汇聚成了一汪璀璨的星海，将林萧然和柯嘉包裹其中。

这是林萧然在洛迦市从不曾见过的景色。

"黑黑的天空低垂，亮亮的繁星相随，虫儿飞，虫儿飞，你在思念谁……"柯嘉不知道什么时候唱起了童谣，绵长的声线将整个夜色衬托得更加柔和。

林萧然突然无比希望，时光能停留在这一刻。

不过显然，老天不是聋的，就是瞎的。柯嘉最后拉着林萧然穿过那条风景绝佳的田间小道后，来到了一家十分不起眼的面馆。饱餐一顿后，便返回了宿舍。

也不知是不是受了好心情的感染，林萧然觉得考试的时候自己超常发挥了。尽管如此，仍然不敢放松，直到为期两天的考试彻底结束，才终于松了一口气。

走出考场的那一刻，她看到好几个曾经比自己还刻苦的姑娘似乎哭了。不过，她向来不擅长与人沟通，于是只能面色冷漠地转身离开。

这一次，林萧然比柯嘉早到巴士上，还是坐在原先那个位置。

同学们慢慢都回到了巴士上，柯嘉却迟迟未归。林萧然心中疑惑，但面色如常，注意力却很快被身后女生讨论的话题吸引。

"欸，你听说了么？柯少竟然在这次培训中遇到了他的初恋。"

"初恋？他不是喜欢……"

"嘘……小心隔墙有耳，再说了，那个初恋都是过去式了，听说柯少来我们学校的之前，就跟那个初恋分手了。"

"啊，真的吗……他那个初恋漂亮吗？"

"漂亮，是××市，××高中的校花呢……"

……

带队的老师出去找人，没一会儿就回来了，只跟司机说不用等了。

最后直到大巴发动，柯嘉都没有回来。

林萧然塞上耳机，将音量开到最大，闭目养神。以往每次想独处的时候，她都会用这样的方式把自己隔绝开来。

只是，她知道，这一次与以往每一次都不同。

因为，她心里的某个地方，在隐隐作痛。

柯嘉再次返回学校，是一周后。

一周，足以发生很多事情。

比如，奥数竞赛的成绩出来了，他和林萧然是并列第一，班上还特意为此举办过庆功宴。只不过，他错过了。

比如，林萧然申请换班，换到了班主任代课的另外一个班，距离原来的班级，有六层楼远，可能以后再也碰不到面。

比如，好不容易有了攻破林萧然心中的壁垒的迹象，却不小心让她心中再一次垒起更难翻越的高墙。

柯嘉简直都要哭了。

而更让人绝望的是，学校里掀起了新的风波。

不知道是哪个好事之徒，偷拍了他们俩的照片，以大字报的方式传得到处都是。整个学校像是被人空投了一枚重磅炸弹般沸腾起来。

144

饶是柯嘉这种平常格外招人喜欢的老好人，走在路上都会被人指指点点，听到某些刺耳的字眼，何况是性格原本就孤僻的林萧然呢？

肯定比死了还难受。这样想着，柯嘉很快又开始替林萧然担心起来。

情况也确实如同柯嘉预料的那般，林萧然过得极其纠结痛苦，她不想那么高调，尤其还是以这样一种方式高调起来。她也从来没有想过，那张柯嘉在游乐园替她拍的照片，会以这样的方式出现在面前。

而更痛苦的是，班主任很快就下达了去办公室"交流交流"的指令。林萧然深吸口气，推开了班主任的门，没想到迎来的却是班主任热切的笑脸。

"柯嘉同学都解释清楚啦，说一切都是他自己一个人的问题，跟你无关。我最喜欢这种敢作敢当的小伙子了，你回去好好上课吧，不要受影响喔。"

"那柯嘉……"

"他被罚绕操场跑一百圈，然后写三千字的检讨，现在正跑着呢。年轻人血气方刚，我也是从那个时候过来的，能理解，但你们还是要以学业为重啊……"

林萧然走出办公室，站在阳台上，果然看见一个黑色的光点绕着操场一圈圈地跑着。也不知道跑了多少圈，似乎是累了，林萧然看到他弯下腰，双手扶在双膝上稍作休息后，又开始奔跑起来。

林萧然沉默地看了会儿，便回班里继续上课去了。等她下课走到操场时，柯嘉正好在跑最后一圈，那个时候已经夕阳西下。

"你怎么来了？我原先还想着使使苦肉计，你说不定就原谅我了。"柯嘉喘着粗气，不顾形象地仰躺在操场旁的看台上，说话都不连贯。一百圈……绝对能把人给跑瘫。

"为什么要那么说？"林萧然拂了拂裙摆，坐在柯嘉身边。

"因为我喜欢你呀。"柯嘉笑起来，眼睛晶亮晶亮的，"从我第一次见到你的时候，就喜欢你了。可是，你大概都不记得我们的第一次相遇。"

"我第一次见到你的时候，你穿着一件粉色的公主裙，眼睛弯成了月亮，笑得像块蛋糕，那个时候我就喜欢你了。虽然后来再见到你的时候，你变得跟以前有点儿不一样了，但在我心里，你依然是那个笑容很美好的女孩子。"

"她们说……你在竞赛的时候遇到了你的初恋……"林萧然岔开话题，幽幽地提起。这件事，一直是她心中的一根刺。

"屁啦，我遇到的就是小佐啊。小佐说，她爸爸接到调令，很快就会回洛迦市。糟了，小佐会打死我的。"柯嘉说完，笑容立马垮下来，表情哀怨，"小佐还特意逼着我发誓，让我对你保密来着，你能不能……装作什么都没听到啊。"

"所以你当时才迟到的吗？"

"是啊，当时情况比较急，我没来得及跟你解释。小佐也是忽然遇上我，拜托我跟她回去拿资料和档案，以便到时候帮她办理转学手续。"

林萧然没有接话，也不知道在想什么，只剩下柯嘉兀自在身边絮絮叨叨地从南说到北，从东扯到西。

"阿然，快看天边。"

林萧然醒过神，顺着柯嘉手指的方向望过去，就看到一颗拖着长长彗尾的流星，从璀璨的星河中划过。恍惚就想起了奥赛培训时，渴望时间停留的那一晚，心里有了决定。

"柯嘉，我也喜欢你。"林萧然神色平静地告白完后便淡定的起身离开，只留下柯嘉一个人目瞪口呆，困难地挣扎着想要追上去。

后来柯嘉问过林萧然，那天晚上怎么会出现得刚刚好。

林萧然笑笑，晃了晃手中的笔，当然是计算出来的。

柯嘉无语泪先流，这就是传说中学霸的生活啊。

8

连绵不断的阴雨天，终于在阳光里放晴。

这个世上最幸福的事，莫过于最好的年华里，我喜欢你，而你恰巧也喜欢我。

风 的 记 忆

骆　阳

1

那一天的午睡，我是最后一个醒来的。

大大的太阳微微有了一点儿倾斜，但它的光芒依然那么炙热，点点清风吹过，柳树疲软的枝丫微微摇了摇。

院子里格外喧闹，我从窗户探出头去，看到了小朋友们围成一个圆圈，中间是一个陌生的面孔。

我穿上鞋子跑出去，小心翼翼靠近人群。原来他们是在听这个陌生人讲故事，我伸长耳朵静静地听着。讲得还算可以。我这样想着。

"哎！那个鬼鬼祟祟的！"陌生人好像是朝我喊了句。

所有人的目光都转移到了我身上。院子里若有若无的风完全不见了影踪。

我准备逃跑。

"哎！你叫什么名字？"

我转过头去跟他说："我叫营利。"说完我就头也不回地跑了。

吃晚饭的时候，那个陌生人从另一边端着他的饭碗坐到我的旁边，"嗨！营利。"

我小声地回了一句："嗨。"

"我叫李风，你以后可以叫我风哥。"

我偷偷地白他一眼，凭什么让我管你一个陌生人叫哥。我默默地往嘴巴里扒着饭，他在旁边一直唠唠叨叨说个没完。

他可真自以为是，他一定觉得自己会讲故事所有人都会喜欢他。

2

在刚刚认识了李风那个讨厌鬼的第二天，春喜把一个中午饭省下来的鸡蛋弄丢了，他蹲在墙角那不停地啜泣。我使劲地瞪他，真烦人，不就是丢了一个鸡蛋，至于吗！

过了会儿，不知谁叫"妈妈"。

平日里和蔼可亲的"妈妈"这时候变得异常严厉。她大声地质问我们："谁拿了春喜的鸡蛋就快点儿还回去，要不然我抓到那个人一定会打他屁股的。"

听到"妈妈"说打屁股，我手心里冒出了冷汗。记得有一次大辰欺负春喜，把他的裤子扯破了，被"妈妈"打屁股打得嗷嗷直叫，院里那些猫啊狗啊的都给吓得跑多老远。

"妈妈"狠狠地盯着我们，"还不交出来？"

我吓得开始微微颤抖，心里面起起伏伏的。我想，"要不还回去吧，不行，如果他们知道是我偷的，以后肯定总是会拿这件事来笑话我的。我真的是后悔偷这个鸡蛋了，我该怎么办啊？"

正在这时候，李风举起手，"妈妈！"

她说："有什么事吗小风？"

"春喜的那个鸡蛋是我拿的。"

所有人都张大了嘴巴，包括我，别人可能是在想他那么好一个大哥哥怎么会干那种事，我是在想他为什么要当我的替罪羊。

"妈妈"惊讶地说："小风，你别胡闹。"

李风一脸严肃，"妈妈，我没胡闹。"

"妈妈"露出了一副无比失望的表情，"我不打你了，你走吧。"

那一天，"妈妈"的脸色变换得如此频繁，这是前所未有的，从前她的脸上除了挂着笑容还是挂着笑容。

3

李风的确是要走了，他把他唯一的宝贝——一双白色的运动鞋放到他那个破破烂烂的书包里，跟我们一一道别。

当李风走到大门口，我身边的人全都哭了，他们大喊："风哥你别走，我们还得听你讲故事呢，你别走。"李风也有些许不舍地望着我们，迟迟不肯离去。

我看到他们泪眼婆娑的样子竟然笑了，我想："走就走呗，没什么的嘛，哭什么呢？他给我当替罪羊这件事日后长大了我定会找到他然后给他个回报的，君子报仇十年不晚，报恩也一样。"

身边那群"癞皮狗"一拥而上。李风没有走成。

那天晚上，我躺在被窝里，无聊地数着天上的星星。李风趴在我的耳朵上说，"营利，那个鸡蛋现在你吃了吧，我帮你打掩护。"我怀疑地看着他，想他会不会是"妈妈"派的奸细，来置我于死地的。他好像看出了我的心思一样，"没事，吃吧，我不会害你的。"我终究是没经住诱惑，猪八戒吃人参果一样地吃起鸡蛋。

李风说："慢点儿吃，不够我这儿还有一个。"我惊讶地看着他，打了一个饱嗝，"你不会也去偷鸡蛋了吧？"

他把食指放在嘴巴上，"嘘，小点儿声，就在你偷鸡蛋的那天我正好也省了一个准备留着晚上饿了再吃，所以才敢说鸡蛋是我拿的，没想到妈妈没问鸡蛋哪去了，她一定以为我给吃了。"

我抢过他手里的鸡蛋，胡乱地剥了几下皮就往嘴里塞，一口几乎吞掉了一大半。我说，"李风你去厨房给我舀点儿水吧！噎死了。"说完我又打了一个饱嗝。他毫不犹豫地答应了。我有些纳闷他为什么那么听我的话。

我叮嘱他："你小心点儿，厨房可黑了，别掉水缸里，你淹死了'妈妈'不会放过我的。"

他回头瞅了瞅我，"嗯。"

4

由于那天晚上吃了两个鸡蛋，我放了好多屁，李风再也不敢轻易省鸡蛋给我吃。

我说，"李风你把鸡蛋给我吧，你别吃了。"

"吃多了你会放屁的，我受不了。"

"李风。"我拐着十八个弯地叫他的名字，要不是因为鸡蛋，我才不会向他撒娇呢。

"除非你和他们一样叫我风哥。"

我一噘嘴，"不给算了。"

"那好吧，给你给你。"

我一边啃着鸡蛋，一边说："你睡觉的时候总是抱着那双鞋，它有什么特别的吗？"

"那是奶奶给我买的，奶奶知道我将来想当个运动员。奶奶现在已经死了，我看到它，就好像看到我奶奶。"李风咬着嘴唇，强忍着泪水。"营利你将来想当个什么？"

我托着下巴，想了一下，"当个流浪汉吧。"

李风瞪大眼睛好奇地问我，"为什么？"

"我从小就被爸爸妈妈扔了，这不就说明我注定永远是无家可归的吗。"我也不清楚当时小小的我怎么能说出这样的话。

"你有家啊！这不就是你的家吗？你有妈妈、春喜、大辰那些人一起玩，你还有……"

我打断他，"你能不能穿上它让我看看？"

"嗯嗯嗯。"李风连忙答应。他冲进屋里拿出了他的那个破书包，打开来，拿出他的运动鞋，他仔仔细细地穿上，围着我小步地跑了两圈，他一边跑还一边冲着我傻呵呵地笑。

我指着院子，"哎！李风！你去那儿跑两圈。"

院子那边的大笨瞅着李风"汪汪"地叫着，盛夏的风吹拂着庭院，平整的场地上李风轻快地跑着，那一刻，我看着他，竟出了神。我的眼前仿佛出现了可能是很久很久以后李风奔跑在大大的运动场上的样子，场边万千观众朝着他欢呼尖叫，他的样子和电视里看到的运动员好像，英姿飒爽，起舞翩翩。

5

晚上。我和李风倚着院子里凉凉的单杠看星星。

"李风，我决定了，等我攒够一百个鸡蛋我就离家出走，准确地说应该是从这里出走。"

"为什么？"

"因为我觉得当流浪汉很自由啊！"

"真的吗？那你省下那么多鸡蛋放哪？被'妈妈'看到了你会被打屁股的。"

"这不用你操心，我都找好地方了，就放到大笨的窝后面藏着，我和它关系很好，它会帮我好好看着的。"

"哦。"他模糊地回答了一声。

我看了看他，他的眼睛空洞洞的，不像平时那样明亮。

"李风，还有个事。"

"什么事？"

"你得帮我省鸡蛋。"

他愣了下然后说："那当然。对，我也有个问题要问你，你的名字是谁给起的怎么那么难听，营利？！我看你不如叫亏本吧！哈哈！"

我毫不犹豫地推他一把，他倒在了地上，傻乐了好一会儿。

"你就在这儿乐吧！我去睡觉了。"

那天晚上，李风很晚了都没有进屋睡觉，我透过窗子，看到他望着天空发呆，他一定是想快点儿当运动员吧。

6

我感觉时间过去了好久好久，树叶好像都微微的黄了，我才攒了不到五十个，并且这些几乎都是李风省的，我的都省到了我的肚子里。

我实在不想再攒了，等到我攒到一百个没准都到冬天了，我那时候流浪不得冻死在外边。

我跑到大笨窝那儿，闻到了臭臭的味道，我拍了下大笨的头："大笨你的大便真臭。"大笨瞅了我一眼，就趴在那不动弹了。

我数了数鸡蛋，才不到四十个，我又数了一遍，还是不到四十个。一定是让大笨偷吃了，我又打了下大笨的头，"说！是不是偷吃我的鸡蛋了？"大笨用嗓子眼"呜呜"两声，把头扭到一边。

我去找李风，"哎！李风！我得赶快走了！你把你的那个破书包借我，我好装鸡蛋路上吃。"

"走？你还没攒够一百个呢？不是说攒够一百个你才走的吗！"

"再不走鸡蛋就都被大笨吃了。"

"可是……"

"你别啰唆了，快点儿给我包。"

李风一边帮我装鸡蛋一边关切地看着我对我说，"你路上一定要小心，遇到坏人一定要打110，还有不要随便吃别人给的东西……"

当我踩在李风肩膀上准备翻围墙的时候，李风说："营利，你先下来，我还有件事。"说完他就跑回屋子。过了一小会儿，就看到他拎着他的运动鞋从屋子里跑出来。

"没准我们以后再也见不到面了，所以这个你拿着，以后想我了的时候就看看它。"

本想说你竟然好意思拿一双臭鞋子给我做纪念，但是想起这是他奶奶给他的他一直放在身边的宝贝就说："那好吧。快点儿蹲下来我要跳过去。"

李风乖乖地蹲下，我踩着他的肩膀，左手抠着围墙上的一个小洞，李风慢慢地站直身子，我用力一蹬，右手就够到了围墙的顶端，我抓着围墙的顶端爬到了围墙上。

我朝着被我蹬倒在地的李风酷酷地说了句，"后会有期。"没等他跟我说什么，我就跳出去一溜烟地跑了。

7

几天后，孤儿院看门的老张头在离孤儿院很远的邮局旁找到了我，他发现我的时候，我正在掏垃圾箱看看能不能找到什么能吃的东西。虽然这里已经离孤儿院很远了，可我还是没有走出这个小镇。

我逃出这里没多久后，我就觉得我特对不起大笨，我不应该责备它的大便臭，根本就不是大笨的大便臭，而是鸡蛋臭了。应该被责备的是李风，他给我装鸡蛋时竟然没发现鸡蛋已经臭了。

我把不太臭的鸡蛋挑出来吃，可还是拉了肚子，要不我早就逃出去十万八千里了。都怪李风那个蠢蛋。

老张头把我带回孤儿院的时候，我已经饿昏了。

"妈妈"做了小米粥喂给我吃，我边大口大口地吃着边问："还有吗？还有吗？"

等我吃了能有八个人的份，终于饱了。

"妈妈"不停地抚摸着我的头，"你以后要是再这样，我一定会打你屁股的，听到了？"

我点点头，"李风呢？"

"他被县城里来的一户人家领养了。"

"领养是什么？"

"就是以后你李风哥哥是他家的人了。"

"李风明明是这的，怎么成他家的了！"

"营利乖，妈妈去忙别的了，你可千万别再乱跑了。"

我跑去大笨那里，搂着大笨的脖子，"还是大笨好，你永远会在这里等着我。"

我从破书包里掏出运动鞋，看着它，想起了李风穿着它在院子里奔跑的样子。那时候，他轻盈得就像是一只蝴蝶。

8

一天中午，我靠着大笨望着空旷的天空发呆。其他人在院子的另一头丢手绢。

这时候，我突然看到了一对陌生的男女走进我们的院子。

我跑过去，抓着那个男人的大腿，"李风是不是被你们领养了？你们把他藏哪了？"

"妈妈"走过来说："营利，别闹，快去一边玩去。"

那个男人说："原来你就是营利，小风总是跟我们说你，对，还有这个，小风托我们给你的。"

那个男人递给我一个大塑料袋，里面有各种各样的好吃的，还有我只在电视里见过的大娃娃和小汽车。

我顺手拿了一个糖塞进嘴里，"别以为给我这些东西我就可以放过你们，如果你们不答应我把李风送回来，我今天就不让你们两个走出这个大门。"我指了指院子那边的大笨，"它可是很凶的！"

"妈妈"再一次露出凶狠的目光，她揪着我的一只耳朵，把我弄到屋子里，从外边锁了门。

我在屋子里折腾着，被子和枕头被我扔得满屋子都是，我大骂："快把李风给我送回来，你们两个人贩子，你们都是坏蛋，都是大傻×……"这是我第一次骂人，我也不知道这些脏话我是从哪里学到的，而且这时候还用得那么顺溜。

我听到那个陌生的女人不停地跟"妈妈"说，"这个小孩儿真没教养，我们家李风可不这样。"

那两个人好像是来办什么证件的，弄完就匆匆忙忙地走人了。

9

后来，李风竟然一直都没有回来看看，那究竟是出于什么原因呢？

他难道不想"妈妈"吗？院子里的小朋友还等着他回来讲故事呢，他们真的很喜欢听他讲故事。

他明明比我们大不了几岁怎么就会讲那么多有意思的故事呢？也许这就是他的与众不同之处吧！要不怎么没有人来领养我们。

对了，他以后还想当运动员呢，不知道那两个陌生人会不会送他去学校，我听别人说学校里有体育课，可以跑步还可以打篮球，那样李风就能练习了。

我对着大笨说："大笨，你说李风还记得我吗？"大笨瞅了瞅我没有吱声。我又拿出运动鞋，"大笨你看！这是李风的运动鞋！他穿着它跑步的样子可酷了！""大笨，你说李风会不会突然哪天就回来看我了？"大笨点了点头。

秋天越来越深了，院子里柳树的叶子都掉光了，只剩下干巴巴的柳条在瑟瑟的风中不住地摇晃，一只只大雁排着整齐的队伍齐心协力地向远方飞去，秋风徐徐地吹着，我望着空荡荡的院子，好像看到了李风。

他穿着白色的运动鞋，轻快地绕着院子奔跑，那样子，真的就好像风一般的自由。我冲着他"咯咯"地笑着，"风哥，你的样子好帅啊！"他也好像朝我笑了笑，那笑容，竟比风还温柔。

等待第二枚月亮

雷辉志

1

我摔跤了。被一截木头绊倒在高低不平的石子路上，痛得龇牙咧嘴，好久没能站起来。如果不是妈妈一定要叫我跟踪爸爸，我也不会来到这黑咕隆咚的地方。

妈妈的话还在我耳边响起："抓赌的人随时可能进村，你爸爸也许会在今晚被他们带走，你一定要跟牢他。"我忍痛从地上爬起，环顾四周，爸爸早已趁着黑夜逃走了。

暮色降临，房子、牲畜栏、柴草垛悄然隐退，似乎要给黑暗让出空间。那空间里有无限的虚空，又藏着巨大的深渊，变幻莫测。我似乎闻到了什么，是一种腐烂菜蔬的酸甜味，再一闻，一股草腥气扑鼻而来，还夹杂着粪缸的臭味、烂泥的气味、腐败的番薯味。再走一段，又什么都没有了。

我趔趔趄趄地行走，放大的脚步声在耳边轰响。真想大步奔跑起来，又担心惊扰黑暗中的沉睡物。

2

妈妈老让我做这样的事，真是烦透了。

当然，比起屁颠屁颠地跟踪大人这类事情，我更讨厌那时的天竟黑得那么快、那么彻底，根本不给人看清它的机会。没有路灯，有月亮的晚上又那么少。家里的灯更是奄奄一息，还经常停电。

我奶奶就盼着停电，这样她就可以把煤油灯点起来，来电了还舍不得吹灭。煤油燃烧的气味有点儿臭，豆荚大小的火苗一跳一跳的，根本看不清碗里盛着什么。

"要那么亮做什么，还能把米饭吃到鼻孔里去？"奶奶却振振有词。

我对着黑暗的空间扮了个鬼脸，好像另一个和我声息相通的人，正在屋子的另一端看着我。屋子很黑，除了火苗照耀到的那一点儿地方，也只是影影绰绰的影子与影子，或影子与黑暗的交错叠加，其他地方根本看不清。

外面，天光早已暗淡下来。大地关了门，只从窗户外漏进一点儿星光，微弱得近乎在一锅子黑米粥里，洒上一点儿白芝麻粉。门外，野猫在叫，不连贯的喵呜喵呜声，渐渐远去的喵呜声。它正从橘树的树枝上跃下吧，一翘一翘地走，非常骄傲的样子。

我已经吃完饭。我是家里吃饭最慢的一个，我是故意的。从来没有什么好事情在等着吃完晚饭的我，不是遵循妈妈的命令去跟踪爸爸，就是像死鱼一样躺在床上，肢体昏昏沉沉、脑子健步如飞。

夜很深很深很深了……树睡着了吧？鸡冠花睡着了吧？瓦片睡着了吧？蚂蚁睡着了吧？鸭子睡着了吧？世界也睡着了吧？只有我和村外的小河没有睡。它在哗啦拉地流着，我听见自己的血液也在哗啦啦地流着。到了晚上，它们流在一起，它们流得很欢。

我是在爸爸与我说了那件事情之后，才开始失眠的。

爸爸说，美国人要造一枚月亮挂到天上去，它的亮度相当于五十六个满月的亮度。也就是说，一旦造月成功，我们的夜晚将会变得和白天一样明亮。

爸爸对我说："等到那一天，你就可以在月亮底下写作业了。"他对奶奶说："到时候，您老人家就可以在月亮底下缝衣服了。"他又对我妈说："你编草帽的时候，就不用开灯了。"

他没有对我爷爷说什么，因为他知道爷爷在晚上根本没什么事情可做。有没有月亮，对他来说没那么重要。

爸爸的话让我吃惊不小，原来在遥远的美国，竟然有人要帮我实现梦想。可是他们真能造月成功吗？万一那人造月亮砸下来，怎么办？该多大、多重的一个啊！如果砸到屋顶上，非把屋子砸塌不可；要是不小心砸到路人的头顶上，不是要砸死人的吗？难道在天上有一根铁绳子系着那月亮，不让它掉下来？一直一直系着，那到底是一根什么样的绳子啊？它会不会有松动的时候？在一个随时可能坠落下来的月亮底下行走，不是很危险吗？

我对在月亮底下写作业没什么兴趣，可我太喜欢天上有两个月亮的感觉了，一定非常美妙，就像宇宙这只老母鸡下的双黄蛋。并且天再也不会黑了，我也不用那么早就被赶到床上睡觉了。

可是，我仍对爸爸的话将信将疑。在家里，奶奶和妈妈干脆就不相信这事，她们天黑了睡觉、天亮了起床，停电的时候照例点起煤油灯，从来不过问天上的事。

只有爸爸，每过一段时间，总要把这件事情拿出来说一说。

"我敢保证，总有一天，我们会拥有两个月亮。人家美国人能想到的事，还没有做不成的。"我清晰地记得他说这话时的神情，右手上举，食指与中指微微张开，成剪刀形状，好像在发布某项神奇的指令。

每次爸爸说起这个事，总是那么高兴，比打牌赢了钱还高兴，连眉毛都在笑。爸爸告诉我，这个人造月亮其实是一个塑胶做成的反光镜，科学家要将它装入人造卫星，发射到绕地球运行的轨道上。

这个反光镜到底有多大？是不是像我们村里的晒谷场那么大？他们是怎么把它弄上去的？难道有一架传说中的梯子通往那里？另外，塑胶做的怎么能反光呢？

我的问题多得问不完，恨不得把世上所有未知的事物都搞搞清楚，比如为什么鸟能飞起来，而人却不行？世界上的第一个人是怎么来的？真的是猴子变来的吗？毛毛虫是怎么变成蝴蝶的？为什么剪头发的时候不会出血？这些问题折磨得我无法入睡。可爸爸根本无法满足我像烟瘾一样强烈的好奇心。

"我现在无法解释那么多，不过一切都有可能。月亮会有的，什么都会有的，你们就等着瞧吧。"爸爸大手一挥，从餐桌前起身，先是东张西望一番，趁着妈妈进厨房的当儿，以迅雷不及掩耳之势窜到门外，马上消失在茫茫夜色中。

3

爸爸又去打牌了，他一上了牌桌，就没了白天黑夜，着迷得把自己都给忘了。他说打牌能让人更加热爱生活，永远不会自杀。一个人只有在打牌的时候，才会觉得一切皆有可能，这世上没有一副牌是重复的……爸爸还想说出更多关于打牌的好处来，却被妈妈厌恶地打断了。

"打牌、打牌……就知道打牌，也不见你打出个锦绣河山来。还是想想怎么赚钱吧！踩一脚油门，钱就来了。这么好的事情，怎么就不愿意？"妈妈在说买三卡的事。

"叫我像傻瓜一样见人就问：喂，你去不去哪里哪里啊？呵，我可从来没有做过这样的事。"爸爸激动万分，好像妈妈马上就要拉着他去招揽生意。

"哼，就知道你会这么说。"妈妈眉尖紧蹙，一副灰心丧气的样子。

"把人像牲畜一样，从这个地方载到另一个地方，难道不是傻瓜干的事？"爸爸一脸挑衅。

"我知道你怕什么，脸皮子薄啊。你放心，我绝不勉强你。"妈妈冷笑道。

"我什么也不怕……你说我一个大男人怕什么？根本就不是你想的那样。"爸爸梗着脖子，转过身去。他生气了。

见状，妈妈也不敢多说什么，气吼吼地走开了。

爸爸很有本领，说什么都是一套一套的，让人无法辩驳。没错，他看过很多书，是我们家最有学问的人。世界上有学问的人都是这样的吗？自己不喜欢开三卡车赚钱，却说那是傻瓜干的活。他喜欢打牌，就要说出一大堆打牌的好处来。

我并不反感爸爸玩牌，至少在那么黑的黑夜里，他有事情可做了。而我们这些无所事事的人，才是天底下最可怜的。

那时候，纸牌刚刚兴起，村里的男人十有八九都在玩牌，而女人十有八九都在反对玩牌。就像拉锯战一样，时不时擦出一些矛盾的火花来，男人、女人为此吵架，甚至大打出手也是常有的事。

"长夜漫漫，黑灯瞎火，不打打牌、吹吹牛，我们能干什么啊？"男人们振振有词。

"干什么？还能干什么，待在家里啊！一家人说说笑笑、亲亲热热，有什么不好？可你们的屁股就像长了疮，一刻也坐不住。"女人们愤恨不已。

多嘴多舌的女人真讨厌，男人们只把她们的话当耳旁风。

我看着一张张纸牌被一只只黝黑的手逐一认领，有人嘴角露出一丝诡异的笑、有人唉声叹气。很快胜负已定，纸牌重回桌面，被整理、被清洗、被齐刷刷地反扣在牌桌上，等着被再次认领，成为一副好牌或一副烂牌有益或有害的组成部分——只要你不累也不困，这个过程就可以无限地循环下去。

谁也不知道下一张牌是什么，爸爸不知道，眼镜叔叔不知道，所有的人都不知道。他们在摸牌的时候，嘴里会发出一种奇怪的声音，他们一边摸一边叫，叫着心目中纸牌的名字——那左右整个牌局的关键一张。整个气氛由此变得热烈，这是少数几个夜晚中我的见闻，让人难忘。

可绝大多数的夜晚，我都没有这样的幸运。爸爸不会轻易让我跟到那地方，说那里不是小孩子该去的。除了我的号啕大哭偶尔让他动了恻隐之心外。

4

当又一个跟踪之夜来临，我决定不再执行妈妈的命令。我假装跟着，却半途返回，我实在厌倦了这样的差事。一看到我进门，妈妈立即从椅子上站起来，手里的编织活也忘了做。

"你爸跑了？往哪个方向跑的？"妈妈开始紧追不舍。

"我哪里知道，两眼一抹黑，站起来一看，人就不见了。"我丧气地说。

"在哪里跟丢的？"她越来越像电影里盘问奸细的高官。

"在磨坊外面吧，天太黑，没看清楚。"我敷衍她。

"怎么又是那个地方……"她似乎有点儿不相信。

我在毫无疼痛感的膝盖上揉了又揉，却没能引起她的注意。这个晚上，妈妈破例没有赶我上床。她一会儿叫我去大路上看看有没有陌生人进村，一会儿叽里咕噜地说，不知道今晚会有哪些人和爸爸一起玩，最好眼镜叔叔不在场。因为他老婆为了玩牌的事，已经喝过一次农药了。

"你说他老婆，那个山里女人还会不会做傻事啊？"妈妈问我。

"应该不会吧。"大人的事我怎么知道啊！我讨厌回答这种问题。

"她那种一根筋的女人，真是难讲。"妈妈忧心忡忡。

村里的女人一遇到不如意的事就喝农药，实在是农药太好找了，家家户户都有。电视里很多女人一和丈夫吵架，也喝农药。我真不知道农药有什么好喝的，又臭又苦……肯定是苦的吧？

但我不再想农药的事，我在想月亮。月亮……那枚人造月亮不知什么时候才能挂到天上去。刚才我出去的时候，试图寻找新月的影子，可天上一片寂寞，除了那轮弯月，瘦叽叽、寒棱棱，高高在上，拒人于千里之外，什么也没有。

我要的是满月：圆的、亮的，不凋谢、不毁灭，夜夜如此、四季常青……我是那么相信，这世上将会出现这么一枚月亮。

为了不错过第一次看见它的机会，我开始仰着脖子走路，大白天也如此。常常走着、走着，就把脖子抬得老高，让人担心那脖子可能会像被风过度吹拂的芦苇秆子一样断掉。因为我的走路姿势，他们给我取了许多绰号：鹅小姐、呆子、豆芽菜、接水喝的人。还有更难听的，我都不好意思说。

有一天放学回家，我照例仰着脖子在田埂上走，边走边微张着嘴。忽然一只大鸟从头顶上空飞过，那堆稀烂的、让人恶心的东西，不偏不倚正好掉在我的头发上。从此，我的绰号"吃鸟屎的人"就被固定下来了。

我还是不打算告诉他们关于月亮的事。我愿意忍受这些羞辱，以便有一天报仇雪恨。那就是当那轮完美无缺的月亮从我头顶升起的时候，当他们惊呆了的时候……我将告诉他们，这一切是怎么发生的。

我等着那一天的到来。

当爸爸在牌桌上把一件件衬衣磨得稀烂的时候，我却在任何可能的地方寻找月亮的影子。不仅在天上找月亮，还在池塘里找、水田里找、镜子里找，凡是圆的、透明的、有亮光的，都被我当成了月亮。这件事情让我吃尽苦头，撞得鼻青脸肿不说，运气不好的时候，还会跌到茅坑里，弄得一身臭。

伙伴们总是取笑我：欸，你干什么老是仰着脖子？你的脖子快要断了！难道你还想吃鸟屎不成？欸，大家快来看这个要吃鸟屎的人！

我被弄得双颊通红、尴尬万分，心里恨死他们了。

5

这天晚上，爸爸照例一吃过晚饭就不见了人影。他一出门，天色立马暗下来。我等着遵循妈妈的指示去假意"跟踪"他。她屋里屋外地忙活着，似乎并不知道爸爸已经溜走的事实。我等了很久，也没有得到任何指示，一身轻松。

家务完毕后，妈妈开始在白炽灯下编草帽。我搬条板凳坐在她边上，偶尔帮她拿点儿小东西。她也不赶我上床睡觉，似乎很高兴有人陪着。

凭直觉我知道已经很晚了，我困得眼皮子一个劲儿地往下压，可妈妈还是没有提睡觉的事。我也不提。我还没有过整晚不睡觉的经历，我非常想知道天是怎么一点点亮起来的，是什么样的力量让天空一点点变得明亮。就如我很想弄明白，童话里的魔鬼是如何化作一股青烟，钻到锡瓶里去的。

妈妈的草帽终于编好了，最后一点儿蒲草都被她塞进帽檐里，如此完美。她用一个手指头顶着这顶充满蒲草气味的帽子，转了又转，非常得意。

就在她转动那顶草帽的时候，有声响从村庄的中间位置传来，急急地，夹杂着哭声、喧嚷声。随之有狗吠声、脚步声、物体的撞击声，越来越多芜杂的声音慢慢汇聚进来。我妈把草帽一丢，奔了出去，我紧跟在她后面。

天太黑了，有微弱如影子一样稀淡的灯光，从"吱呀"打开的窗户里泼出来。有人站在窗里张望，询问一声，得到一声含糊的回答，又一声不响地关上了。

妈妈牵着我的手在逼仄的弄堂里摸索，好几次脚底打滑差点儿摔跤。我们互相搀扶着，先是来到"蒋光头"家，再寻到"长脚阿常"

163

家。

从阿常家底楼房间里渗漏出的灯光暴露了一切。没有警车、没有围观的人，大门敞开着，兰竹菊横七竖八躺在绿色天鹅绒桌布上，是一个仓皇撤退的现场。

谜底很快揭晓了，眼镜叔叔的老婆再次喝了农药，家人发现的时候已口吐白沫。现在，他们正抬着她去镇上卫生院洗胃。就是说，当她的男人和我爸他们正热火朝天地打牌时，她却在家里偷偷地喝农药。她肯定是不想活了。在我们村庄，还没有人第二次喝农药而不死的。

我被妈妈拽回家躺到床上，已是后半夜。我把被子死死地蒙住脑袋，脑子里全是一个女人被横着抬出去的样子。她的胳膊像长长的枯树枝那样垂下来，她拖在地上的长发被抬她的人踩到了，也毫无察觉。她会在第二天清晨，由拖拉机运回村里。天一亮，他们就会在村口搭棚子，她冰冷的身体在出殡之前将被安置在那里。有人会在那里哭号、有人会在那条路上撒纸钱，女人的亲属还会来闹。

第二天醒来的时候，我头痛得厉害，坐不起来，对妈妈说不想去上学了。她竟然同意了。一碗红糖煮蛋端到我床前，红彤彤的，就像打碎的落日。她叫我赶紧吃了，继续睡觉。

我问她爸爸在哪里，她面无表情说：小孩子问那么多干什么？

我做了一个梦，梦见眼镜叔叔的老婆端着一盆洗好的衣服，从河那边走过来。她的长辫子一甩一甩的，看起来很高兴。她逢人就说：我回来了，我不死了。我以后再也不管他的事啦。

奇怪的是，梦里的我很清晰地知道她已死去的事实，于是就很想问她：你不是喝了农药吗？他们都把你抬进棺材里了，你都死了，怎么又活过来了，还洗衣服呢？还没来得及问出口，梦就醒了。

傍晚时分，爸爸回来了。他眼睛通红，看上去非常疲惫。只吃了半碗米饭，他就说吃不下了，他要睡觉了。

妈妈把他扶到床边，帮他脱了衣服和鞋袜。他马上就睡着了，还打起呼噜来。

接下来很多天里，爸爸一直在睡觉。白天睡、晚上睡，好像他在梦里有忙不完的事。

6

"爸爸快起来吧，吃饭了。"我站在他床边。

"爸爸快醒醒，你都睡了好几天了。"我摇摇他的胳膊。

他打开半只眼睛，皱了皱眉头，马上闭上了。

"你们先吃吧。我不饿。"他转过身，把被子往上拉，蒙住脑袋，又睡了过去。

在爸爸睡觉的那几天里，眼镜叔叔把他的女人埋在一个山坳里。几天之后，他把儿子托给别人照顾，自己跟着一个建筑队外出打工了。

我不明白爸爸为什么不再出门打牌，他完全可以找到更有默契的玩伴。事实上，也有人或明或暗地邀请过他。

这一夜，昏暗的灯光下，妈妈终于忍不住了，再次提到买三卡车的事。还说"长脚阿常"和"蒋光头"都找到工作了，听说工资很高，我们也不能"落后"。

听到昔日牌友的名字，爸爸的神情有些落寞。他伸了伸脑袋，又低下了。

妈妈以为是自己的话刺激到他，马上鼓动起来："你是他们几个里，最聪明、最有前途的。我们不打工，我们要做小老板、赚大钱，怎么样？"

"怎么做小老板、赚大钱？""爸爸心不在焉地问道。

"开三卡车。"妈妈再次旧事重提。

"那个东西少说也要上万块吧？我们家哪来那么多钱？"爸爸淡淡地说。

"这个你不用管，我可以去借。"妈妈充满鼓励地看着爸爸。

"向谁借？再说，那么多，以后怎么还？"爸爸仍是疑虑重重。

"……不用担心这些，很快就可以还上。我可以跟车卖票、收钱，你只要去考个驾驶证。"妈妈兴奋地说。

爸爸不吭声。后来，他还是接受了妈妈的提议，只要她把买三卡车的钱借来，他就去考驾驶证。

7

一个春日的早晨，爸爸到底开上了三卡车，从这个小镇开到另一个小镇，在数个小镇之间往返，接送那些赶集的人、贩卖商品的人、游手好闲的人。一天之内，要在相同的道路上往返数十次。

我妈说，爸爸开"三卡"的样子很帅，特别是左手握着方向盘、右手夹支烟的时候。妈妈则兴高采烈地收钱、找钱、数钱，忙得不亦乐乎。他们常常很早出门、很晚回家，用"披星戴月"来形容比较合适。

这一个傍晚，奶奶早早做好了晚饭，热腾腾的米饭已经上桌，还有三五样不同种类的小菜，荤素搭配，让人看着垂涎欲滴。自从爸爸开上"三卡"后，我们家的伙食大为改善。我和奶奶坐在饭菜的香味里等他们回家。

天已完全黑下来，"三卡"单调的"突突"声，一直没有在院门外响起。我蜷缩在椅子上，聆听着、期待着、想象着。

"怎么还没回来呢？菜都要凉了。"奶奶一会儿探身张望，一会儿把那些盛菜的盆盆碟碟逐一摸过。她搓着手，嘴里念念叨叨：都这么晚了，能去哪里呢？

我忽然想起很久以前的那个晚上，爸爸被派出所的人抓走了，妈妈在屋子里团团转。

那边的事情正在激烈地进行中，每一分钟都可能发生无可改变的大事件，而这边的人却什么都不知。这世上的很多事情，似乎都是这么发生的。

那天晚上，爸爸一进门就说："我们出事了，'三卡'跌到沟里去了。”

身后，妈妈鼻青脸肿地进来，沮丧地说：“估计要报废了。”

爸爸又说：“从那么高的地方跌下去，居然没事，只破了点儿皮，站起来就能走。上来才知道那是一个水库，再过去几步就没命了。”他一边往嘴里填东西一边说，好像在转述一件与己无关的事。

奶奶听得眼睛都直了，不相信事情可以那么凶险。那天晚上，她一直哆嗦着身体，有点儿说不出话来。

爸爸开始狼吞虎咽，妈妈则抽抽噎噎地哭上了。不知是心疼那三卡车，还是因为害怕——她的额头肿了，脸颊还有血迹，估计随着那三卡车一路打滚着跌下去。

哭完后，妈妈说：“再借钱买一辆吧，我不相信咱们家的运气就那么差。”

爸爸低声说：“还是去工厂打工吧，那样没有风险。”

奶奶也在边上说：“还是去做工吧。”

妈妈不吭声。她不甘心爸爸和“长脚阿常”“蒋光头”他们一样，她更不想让他们接近爸爸。或许是一种嫉妒吧——这是我的猜测。

后来，“三卡”进了废品回收站，爸爸开始无所事事，到处闲逛。有几个白天还参与了几场牌局，可一到晚上，他就乖乖地回家。

他开始帮妈妈做家务活、手工活，田里的活也揽着做。爸爸变得勤快起来了，他以前可不是这样的。我们全家既为此感到高兴，又有点吃惊。

8

有一天放学回家，我看见爸爸坐在院门口吸烟，看见我进门，马上把烟掐灭，站起身，看着我：“你回来了？”

我点了点头，背着书包，绕过他进屋。

“你妈去镇上拿活了，晚饭我来做吧。你要吃点儿什么？”爸爸问我。

"随便什么，都可以的。"我嘴上胡乱应着，心里实在诧异，爸爸以前可是从来不做饭的。

在我做作业的时候，爸爸系上妈妈的围裙、戴上妈妈的袖套，在灶台间忙开了。那柴棒有点儿湿，松针半绿半黄，弄得整个屋子里全是烟，呛得我直咳嗽。

妈妈回来了，她拿回更多的活，同时也拿到了钱。她抽出一些递给爸爸："喏，给你买香烟的。"

爸爸没有接，迟疑着说："我想着这烟能不能戒了它，挺费的。"

妈妈顿了顿，没有接腔，爸爸也没有再说什么。

那顿晚饭是他们一起做的。妈妈负责添柴，爸爸在灶台前忙活。妈妈说着镇上的事：谁家的姑娘要出嫁了、谁家的儿子考上大学了。她看见镇上商场里的双门冰箱，有一个人那么高，很气派。

爸爸说，等有了钱，我们也买一个吧。妈妈说，她早就想买一个了。说到这里，他们就笑了。

那天晚上，我们在院子里乘凉。已经是秋天了，那可能是最后一个适合乘凉的夜晚。爸爸的竹椅子没有放平，一直"咯吱咯吱"地响，他也不管，只顾躺在上面摇啊摇。他和妈妈在聊冰箱的事。他们准备到时候自己做冰棒吃，肯定既好吃又解渴。一地的毛豆壳、花生衣、橘子皮和瓜子壳。一张《参考消息》卷了边，丢在地上，也不知道他们有没有看。

树叶哗啦啦响，好像被顽童的手拨弄着，一路拨过去，拨到夜的深处。

"爸爸，那个月亮的事……你还记得吗？"趁着妈妈进屋拿东西，我飞快地说道。

爸爸做了个微微起身的动作，身体仍平躺着，那么平坦。

"月亮，哪个月亮？哦，你还记得这事呀？"爸爸笑着说。他怎么能那样笑？

"那个月亮怎么样了？"我的声音轻极了，就怕妈妈出来听见。

爸爸愣了愣，笑着说："科学家们应该还在研究吧！别担心这个，等我们有钱了，把家里的灯泡全部换成一百瓦以上的……"

灯泡怎么能和月亮比？那是月亮啊。秋天的蚊子在耳边嗡嗡乱飞，我胡乱拍打着，一只也拍不到，简直气极了。

"报纸上没说他们研究得怎么样，什么时候能上天？"趁着妈妈还没出来，我一口气说完了。

"这个嘛，报纸上没说。他们最近好像都在说怎么挣钱……"爸爸剥了一颗花生，扔进嘴巴里。

妈妈捧着一盆玉米出来，她的脸在微弱的光影里，慢慢移过来，一颤一颤，有种重叠的效果。我担心刚才的话都被她听了去，等一会儿又要嘲笑我了。

"吃完这个，可以睡觉去了。"妈妈把盆子往我面前一丢，拿了一个大的给爸爸递去。

"今年的玉米真甜、真糯……饲料厂的工作已经说妥，过几天就可以去上班……"他们的声音懒洋洋、轻飘飘，一路滑跌，向夜的深处直线滑过去。他们的话我一句也没听进去。这一刻，我恍恍惚惚。再过一会儿，他们就要赶我上床了，我不能再待下去了，可我的话还没说完。

而爸爸，那个躺在竹椅子上的爸爸，在这样的夜晚，怎么就不说点别的？

夜仿佛更深了，村街上小孩儿的叫声渐渐远去，远到一个没有光亮的屋子里，被大人藏起来了，听不见了。我起身，慢腾腾，原地挪动步子，抬头望向那漆黑的天穹，没有月亮，也没有梯子。明明知道什么也看不到，还是怀了无限热望，连自己都要被自己感动了。

爸爸、妈妈在说话，那声音依然轻飘飘、虚晃晃，仔细地听，又什么也没有。有一刹那，我和爸爸的目光隐约接上了，天那么黑，一切光亮转瞬即逝。

　　我看着想象中爸爸的脸，一步三回头，走进那间没有月光的屋子里。

　　天黑了，我要睡觉了。